中国博士后科学基金面上资助项目成果（项目号：2015M582318）

基于主体关系的
供应链融资运作模式研究

刘璠 著

武汉大学出版社

图书在版编目(CIP)数据

基于主体关系的供应链融资运作模式研究/刘璠著.—武汉：武汉大学出版社,2015.12
　ISBN 978-7-307-15666-1

Ⅰ.基…　Ⅱ.刘…　Ⅲ.中小企业—企业融资—研究—中国
Ⅳ.F279.243

中国版本图书馆 CIP 数据核字(2015)第 295091 号

责任编辑：李　程　　责任校对：李孟潇　　版式设计：马　佳

出版发行：武汉大学出版社　　(430072　武昌　珞珈山)
　　　　　(电子邮件：cbs22@whu.edu.cn　网址：www.wdp.com.cn)
印刷：武汉中远印务有限公司
开本：720×1000　1/16　　印张：13　　字数：218 千字　　插页：2
版次：2015 年 12 月第 1 版　　2015 年 12 月第 1 次印刷
ISBN 978-7-307-15666-1　　定价：45.00 元

版权所有，不得翻印；凡购我社的图书，如有质量问题，请与当地图书销售部门联系调换。

目　录

第一编　总　论

第一章　绪论 … 3
第一节　问题的提出与研究意义 … 3
一、问题的提出 … 3
二、研究意义 … 3
第二节　国内外研究综述 … 4
一、关于供应链融资发展的研究 … 4
二、供应链金融的运作模式研究 … 11
三、供应链金融的风险及其控制研究 … 16
四、供应链金融与传统融资模式的比较研究 … 22
五、供应链融资技术支持研究 … 24
第三节　本书结构 … 25

第二章　供应链融资成因分析及其体系构成 … 27
第一节　供应链融资的概念与特点 … 27
一、供应链融资的概念 … 27
二、供应链融资的特点 … 28
第二节　供应链融资形成的原因与作用分析 … 30
一、供应链金融的形成原因分析 … 30
二、供应链金融的作用分析 … 32
第三节　供应链融资体系 … 36
一、供应链融资体系构成 … 37
二、供应链融资体系中主要涉及要素 … 40
三、供应链融资体系的主要模式 … 41
四、供应链融资模式的对比 … 53

目　录

第三章　供应链融资理论分析 …… 55
第一节　供应链融资机理与主体关系分析 …… 55
一、基于核心企业连带责任的供应链融资 …… 55
二、基于债权控制的供应链融资 …… 57
三、基于货权控制的供应链融资 …… 59
第二节　供应链融资价值分析 …… 60
一、商业银行视角 …… 60
二、核心企业视角 …… 62
三、中小企业视角 …… 63
四、物流企业视角 …… 65
五、供应链视角 …… 65

第四章　国内外供应链融资的发展与实践 …… 67
第一节　国外供应链融资的发展与实践 …… 67
一、国外供应链融资的发展 …… 67
二、国外供应链融资的实践 …… 69
第二节　国内供应链融资的发展与实践 …… 75
一、国内供应链融资的发展 …… 75
二、国内供应链融资的实践 …… 77

第二编　基于核心企业连带责任的供应链融资

第五章　面向供应商的订单融资 …… 85
第一节　面向供应商的订单融资概述 …… 85
一、订单融资的基本概念及特性 …… 85
二、供应链融资中面向供应商的订单融资 …… 86
第二节　面向供应商的订单融资具体操作流程 …… 87
第三节　面向供应商的订单融资价值分析 …… 88
第四节　面向供应商的订单融资管理要求 …… 89
第五节　面向供应商的订单融资中银行风险的控制 …… 90
一、面向供应商的订单融资中银行风险的起因 …… 90
二、面向供应商的订单融资中银行风险的控制 …… 91
第六节　面向供应商的订单融资相关案例分析 …… 92
一、面向供应商的订单融资案例 …… 92

二、案例分析 ·· 93

第六章 面向经销商的担保融资 94
第一节 面向经销商的担保融资概述 94
一、担保融资的基本概念和内涵 ·· 94
二、担保融资的形式类型 ·· 94
三、供应链融资中面对经销商的担保融资 ······························ 95
第二节 面向经销商的担保融资具体操作流程 97
第三节 面向经销商的担保融资价值分析 98
第四节 面向经销商的担保融资的管理要求 100
一、有效合同的签订及实行 ·· 100
二、融资业务管理中对经销商的激励策略 ······························ 100
三、融资业务中信用的管理 ·· 101
第五节 在面向经销商的担保融资中银行风险的控制 102
一、面向经销商的担保融资中银行存在的风险 ······················ 102
二、面向经销商的担保融资中银行风险的控制 ······················ 103
第六节 面向经销商的担保融资相关案例分析 104
一、供应链融资中合作企业担保模式 ···································· 104
二、案例分析 ·· 105

第三编 基于债权控制的供应链融资

第七章 应收账款质押融资 109
第一节 概述 109
一、应收账款质押融资的概念 ··· 109
二、国内外应收账款质押融资实践 ·· 110
第二节 应收账款质押融资业务 111
一、应收账款质押融资业务的操作流程 ································· 111
二、我国应收账款质押融资业务的发展 ································· 112
第三节 应收账款质押融资的风险评价及控制 113
一、应收账款质押融资的风险 ··· 113
二、应收账款质押融资的风险评价 ·· 114
三、应收账款质押融资的风险控制 ·· 124
第四节 应收账款质押融资案例分析 125

一、案例1：应收账款质押融资风险评价案例 ……………… 125
　　二、案例2：应收账款质押融资风险控制案例 ……………… 130

第八章　保理 ……………………………………………………… 135
第一节　概述 …………………………………………………… 135
　　一、保理的起源 ……………………………………………… 135
　　二、保理的定义 ……………………………………………… 136
　　三、保理的特点 ……………………………………………… 138
第二节　保理业务 ……………………………………………… 139
　　一、保理业务的运作流程 …………………………………… 139
　　二、保理业务的价值 ………………………………………… 140
　　三、保理业务的适用要求 …………………………………… 141
第三节　保理的风险及其控制 ………………………………… 143
　　一、市场风险及对策 ………………………………………… 143
　　二、信用风险及控制 ………………………………………… 144
　　三、操作风险及控制 ………………………………………… 144
　　四、法律风险及控制 ………………………………………… 145
第四节　案例分析 ……………………………………………… 147
　　一、天津鼎石保理有限公司运营模式 ……………………… 147
　　二、天津鼎石保理有限公司利润来源 ……………………… 149
　　三、天津鼎石保理有限公司面临的风险 …………………… 150
　　四、天津鼎石保理公司的风险控制 ………………………… 150

第四编　基于货权控制的供应链融资

第九章　标准仓单质押融资 ……………………………………… 157
第一节　标准仓单质押融资概述 ……………………………… 157
　　一、标准仓单质押融资的概念与特征 ……………………… 157
　　二、标准仓单的适用标的物 ………………………………… 158
　　三、标准仓单的适用对象 …………………………………… 158
第二节　标准仓单质押融资的基本流程 ……………………… 159
　　一、客户申请 ………………………………………………… 159
　　二、银行受理和评估 ………………………………………… 159
　　三、信贷审批 ………………………………………………… 160

  四、签订合同 …………………………………………………… 160
  五、办理仓单质押登记手续 …………………………………… 160
  六、贷款发放 …………………………………………………… 161
  七、贷后监控与管理 …………………………………………… 161
  八、贷款偿还 …………………………………………………… 162
 第三节 标准仓单质押融资的法律关系分析 ………………………… 162
 第四节 标准仓单质押融资的价值分析 …………………………… 165
  一、标准仓单质押融资的银行价值分析 …………………… 165
  二、标准仓单质押融资的企业(客户)价值分析 …………… 165
  三、对其他方面的价值分析 ………………………………… 166
 第五节 标准仓单质押融资风险控制 ……………………………… 166
  一、法律风险 ………………………………………………… 167
  二、信用风险 ………………………………………………… 168
  三、市场风险 ………………………………………………… 168
  四、流动性风险 ……………………………………………… 168
  五、操作风险 ………………………………………………… 169
 第六节 标准仓单质押融资案例 …………………………………… 169
  一、企业基本情况 …………………………………………… 169
  二、棉花公司开展标准仓单质押融资的流程 ……………… 170

第十章 普通货权质押融资 ………………………………………… 173
 第一节 普通货权质押融资概述 …………………………………… 173
  一、普通货权质押融资的概念与特征 ……………………… 173
  二、普通货权质押融资的适用标的物 ……………………… 174
  三、普通货权质押融资的适用对象 ………………………… 175
 第二节 普通货权质押融资的基本流程 …………………………… 176
  一、现货质押融资 …………………………………………… 176
  二、买方信贷 ………………………………………………… 178
  三、卖方信贷 ………………………………………………… 180
 第三节 普通货权质押融资的法律关系分析 …………………… 181
 第四节 普通货权质押融资的价值分析 …………………………… 183
  一、普通货权质押融资的银行价值分析 …………………… 183
  二、普通货权质押融资的企业价值分析 …………………… 184

三、普通货权质押融资的其他相关方价值分析 ……………… 184
第五节　普通货权质押融资风险控制 …………………………… 185
一、融资参与方的操作风险 ……………………………………… 186
二、融资参与方的市场风险 ……………………………………… 187
三、融资参与方的财务风险 ……………………………………… 189
第六节　普通货权质押融资案例 ………………………………… 190
一、企业基本情况 ………………………………………………… 190
二、长久集团开展汽车仓单质押业务的流程模式 ……………… 190

参考文献 ……………………………………………………………… 193

# 第一编 总 论

第一章 绪　　论

第一节　问题的提出与研究意义

一、问题的提出

调查显示，供应链融资是近年来国际性银行流动资金贷款领域最重要的业务增长点，在次贷危机引发的金融危机后，国外银行全面紧缩信贷融资，然而供应链融资业务却逆向保持高速增长。与此同时，供应链融资业务在国内也不断进行创新和实践，为了适应市场的需求，很多国有银行业也在进行不断地创新和实践，开发新的业务模式、拓展业务范围。不仅如此，由于供应链融资这一命题的出现，一系列老问题如产业竞争、银行业变革、中小企业融资等也产生了新思维。

此外，随着2015年7月国务院正式发布《关于积极推进"互联网+"行动的指导意见》后，供应链融资有了更为广泛的资金来源，供应链融资引起理论界和实业界的高度关注，成为全社会探讨的热点话题，可以预见供应链融资会是当前金融背景下互联网金融的一个重要发展方向。供应链融资的发展具有其深刻的产业基础，必将对生产与运营领域、贸易与流通领域、物流领域，商业银行、电子商务等领域产生巨大推动与促进作用。

虽然供应链融资在国外已经较为成熟，并体系化，但金融体系较为粗放的中国在积极学习国外先进理念时，如何根据自己的国情采用适合的模式成为亟须解答的问题，本书正是在这样一个背景下，聚焦于供应链融资的运作模式。

二、研究意义

世界因互联网而变，世界因供应链而变，中国经济正处于向高端服务业发展的关键时期，在这一伟大的历史进程中，如何用金融推动产业供链的发展，真正解决中小微企业融资难问题，同时又能通过产业的有序、健康发展，实现金融的价值倍增，而不是一味追求虚幻式的金融创新，本书试图运用扎实的理论基础、敏锐的实践洞察、活跃的思想思维，全面分析供应链融资的运作模式。

本书所论及的一系列实践模型及其价值研究和分析，对金融行业、供应链管理者以及中小企业具有一定的借鉴参考意义。同时，为学术界相关领域的进一步深化研究奠定了基础。

第二节　国内外研究综述

一、关于供应链融资发展的研究

（一）财务供应链管理模式研究

从20世纪80年代开始，世界多元化和经济全球化的观念越来越深入人心，经济的发展必然会引起社会生产关系和生产方式的变革，为了适应市场的需求，一些金融行业和各个企业之间都在不断进行创新，而供应链金融就是顺着时代的潮流应运而生的。从80年代开始，到20世纪末，企业家们为了降低生产经营的成本，不断地进行业务创新。有的国家或者地区的劳动力比较充足和廉价，有的地区具有资源优势、原材料便宜等特色，经济全球化使越来越多的企业采取集中发展核心业务的经营方式，把一些业务转移到劳动力廉价或者资源丰富的地区。但是，经过大约二十年的发展和尝试，企业的管理者们发现，物流的成本费用很高，运输、加工、周转等方面的活动会占据企业很大一部分的成本，采用全球业务外包的模式可见并不是明智之举，所以什么是最佳的、最适合的财务供应链管理模式还需要继续进行探索。

以前行业内的竞争主要是单个企业之间的竞争，为了分割更大的市场，提高市场的占有率就采用低成本战略或者是差异化战略来形成自己的竞争优势。但是，随着竞争的越来越激烈，在供应链模式下，市场的竞争便成为供应链之间的竞争，这种整体竞争的方式，每一个环节都有可能有效地降低企业的成本，因此应该仔细研究[①]。财务供应链的优化，

---

① Aberdeen Group. Supply Chain Finance Benchmark Report, 2006.

可以有效地帮助改善供应链上各个企业的运营状况,形成自己的竞争优势。

M. Sugirin 在研究中表明,在企业的交易和合作中,财务供应链的管理是非常重要的,交易双方之间的付款模式和条件对企业的资金流有很大的影响,财务供应链管理对有效解决企业资金紧缺、合理安排资金具有很大的意义[1]。F. John Mathis、Joseph Cavinato 的研究表明,人们仍然在不停地探索企业经营的管理方式和有关供应链融资模式的应用[2]。如果有关供应链上企业之间的交易的财务决策不集中,供应链上企业的整体运行效率就会很低,申请贷款也会比较困难。供应链上企业之间信息的透明度和共享性非常重要,对供应链的控制和变革具有很重要的影响,金融机构和供应链上企业之间的合作是发展供应链融资的基础。在以前的经营方式中,人们未能够让信息流、资金流和物流三者得到有效的整合,对资金流的控制力度远远不够。

(二)物流金融模式研究

随着社会的发展,物流行业的竞争越来越激烈,物流业与金融业相结合是市场发展的需要,一些中小企业利用仓单质押融资等业务模式获得资金。随着供应链的发展,物流金融和供应链相结合的模式需要得到一定的探索。Erik Hofmann 从供应商的角度来分析供应链融资对中小企业、核心企业、银行以及政府部门的作用[3]。由于核心企业的独特优势,经常采用赊销的方式购买货物,这样对供应商来说,就会造成资金的压力;此外,企业生产也需要一定的过程,而且生产企业和销售企业之间有一定的时间和空间的限制,因此为了保证经营的顺利进行,需要有一定的存货来应对突发的状况,这就增加了销售的成本。对供应链中的发货方也有一定的要求,需要高效的配送效率,及时满足市场的需要,这对物流企业来说是一个很大的考验,需要快速而且灵活高效的运输方式来提高企业的服务水平。对于物流行业和金融行业来说,应该不断地进行业务创新,探索出适

---

[1] M. Sugirin. Financial Supply Chain Management. Journal of Corporate Treasure Management,2009(2).

[2] F. John Mathis, Joseph Cavinato. Financing the Global Supply Chain. Growing Need for Management Action,2010(2).

[3] Erik Hofmann. Supply Chain Finance: Some Conceptual Insights. Logistic Management Innovative Logistic,2005(8),pp. 23-24.

合市场需求的发展方式，抓住供应链发展的这一机会，拓展自身的业务范围，为解决供应链融资中的各种问题，提供新的方案。

Yulian Peng 等人主要研究了有关仓储方面的融资，主要运用数据模型分析供应链融资中可能出现的问题，并针对这些问题提出解决方案①。对于仓储融资的定量问题，主要用系统动力模型进行分析研究，这些专家学者主要针对的是运输节点上的仓储问题进行研究的。在一篇研究报告中，他们认为，供应链融资把各个企业有效地联系在了一起，实现了跨行业的结合，物流管理和金融业有效地结合，可以使供应链各企业之间的衔接更加自然、顺畅，从而增加了供应链的稳固性。物流融资管理作为一个开放的系统，没有明确的界限，建立在物流过程节点的虚拟组织上，其领域早已超越了企业的边界。处于供应链上的中小企业利用订单融资、应收账款融资等和其他的融资模式结合在一起，可以有效地缓解资金的压力，促进企业的发展。新型的供应链融资模式的广泛使用，可以增加整条供应链的稳固性和综合实力。传统的以固定资产作为抵押的贷款模式，在一定程度上限制了中小企业的发展，然而质押和保理等新型的融资方式，使中小企业的便捷、快速、低成本的融资成为可能，这种融资业务的拓展，也有利于提高供应链运作的效率。

Poe 主要介绍了一种以存货或者是应收账款进行质押融资的业务方式。融资考虑的对象是分销商、批发商和零售商②。Wright 主要在物流金融业务办理的风险控制方面进行了研究，为了预防风险的发生，对存货进行严密的审核、挑选、监察和管理是非常重要的，要实时跟踪货物的动态，掌握市场的需求、商品价值的波动等情况③。用存货作为质押的这种融资方式中，存货的事前评估可能因为一系列原因而不能最终实现，所以对存货的最终价值也难以作出准确评估。他认为，对存货的有效监控是预防风险的主要途径，由于银行等金融机构缺乏专业的监管人员和监管设备，第三方物流公司则在这方面具有很大的优势，物流公司可以利用强大的信息系

---

① Wang Yang, Luo Yangjing, Yulian Peng. Logistics：The Emerging Frontiers of Transportation and Development in China. America：Published by the American Society of Civil Engineers，2008，pp. 286-292.

② Poe T. R. Subjective Judgments and the Asset-based Lender. Commercial Lending Review，1998(2)，pp. 67-70.

③ Wright J. Accounting：Inventory-based Lending. Commercial Lending Review，1998(3)，p. 97.

统为银行提供及时、准确的信息,预防风险的发生,还有专业的操作人员、先进的设备都可以有效地控制风险。因此在存货质押中,与第三方物流公司合作是非常重要的。

除了国外学者的研究,国内学者对此也有研究。"物流金融"这个概念早在2004年的时候就由邹小芃、唐元琦①(浙江大学的教授)在《物流金融浅析》一文中提出了,他们在这篇文章中指出,随着市场的需求,不断地进行金融创新,开发出适合物流企业生产经营的金融产品和工具,物流和金融机构相结合,可以促进物流、资金流的有效整合,使资金流可以高效运转,为企业带来更大的利益。物流行业的发展,在一定程度上带动了物流金融的产生,反过来物流金融在物流企业的运转中发挥了很重要的作用,通过为物流企业提供资金的支持,办理各种保险业务来促进物流行业的发展。随后很多的专家学者从不同的角度也给出了物流金融的概念。梁虹龙、欧俊松在《物流金融》一文中,指出了物流金融产生于物流活动中资金的运动,物流金融为企业融资提供了平台,促进了物流企业的发展②。唐少艺把物流金融表述为,物流金融是一种在银行的参与下,在买卖交易中为购买者提供结算的一种业务服务③。这是一个狭义的概念。储雪俭和詹定国④认为,物流金融就是金融机构(主要指银行)和第三方物流集团双方进行合作,银行为物流公司在货物的运转方面提供资金的支持,银行在此业务中扩大了经营的范围,从而增加了收益。这是一种使参与双方达到双赢的模式。随后谢鹏⑤也指出,物流金融业务发生在供应链运作的全过程,金融机构主要在此过程中提供一些增值服务。国内对物流金融有关的研究基本上达成了一致,研究的方向和主要的对象以及研究的模式也基本确定,逐渐更深入地研究物流金融,可使其更适用于市场的需求和经济的发展,冯耕中就有关物流金融的研究进行了总结,提出要主要研究以下几个方面⑥:

---

① 邹小芃、唐元琦:《物流金融浅析》,载《浙江金融》2004年第5期。
② 梁虹龙、欧俊松:《物流金融》,载《物流技术》2004年第9期。
③ 唐少艺:《物流金融实务研究》,载《中国物流与采购》2005年第2期。
④ 储雪俭、詹定国:《物流金融——长三角地区经济发展的新增长点》,载《物流技术》2005年第3期。
⑤ 谢鹏:《物流金融运作模式探究》,载《福建金融》2007年第2期。
⑥ 冯耕中:《物流金融业务创新分析》,载《预测》2007年第1期。

(1)在金融创新中引入第三方物流公司,运用国际结算理论进行金融创新,设计出更好的金融工具和产品,为企业提供更好的服务。

(2)办理借款业务时,融资条件的严格要求对企业运营的影响。

(3)将金融工程方面相关的知识、理论结合先进技术引入到企业的管理当中。

(4)金融业务的创新,办理业务时的合同规划和签订。

(5)对于物流金融业务模式中可能出现的风险问题进行严格专业的评估,制定出恰当的风险评估体系和严格的审核系统。

唐少麟和乔婷婷[1]从专业的角度、定量和定性地分析了物流金融业务办理时可能出现的风险,并结合博弈论有关的知识,论证了中小企业进行金融融资的种种好处,这种业务方式更适合中小企业的发展,对于风险问题,可以和监管企业、核心企业进行合作,用专业的管理技术和先进的设备,控制风险的发生。

(6)利用强大的信息系统和先进的设备,实现信息的充分共享,使物流和金融机构之间消除信息不对称的问题。

(7)为有效地控制风险的发生,对质押物应当进行怎样的监察和管理。

(三)供应链融资概念研究

在生产过程中,一些企业只注重生产的效率和产品的质量,忽略了资金流的控制和周转速率,最后导致企业的资金紧缺,资金流在供应链之间的流动速度比较慢,制约着供应链模式的发展。资金紧缺、融资难导致企业的生产经营受阻,这种情况在中小企业中经常遇到。为此,Martin R. Fellenz 等人致力于研究如何降低中小企业的经营风险,提高供应链的运作效率,至此,供应链金融也就产生了[2]。供应链金融是物流金融发展的产物,供应链金融打破了单一的考虑资金流的模式,而把三流(物流、信息流和资金流)有效地结合在一起。Min Hu、Qifan Hu 也认为,供应链金融是物流金融的深入研究,物流金融是供应链金融发展的基础,为供应链金

---

[1] 唐少麟、乔婷婷:《发展物流金融强化供应链整合》,载《物流技术》2006 年第 3 期。

[2] Martin R, Fellenz. Requirements for an Evolving Model of Supply Chain Finance, A Technology and Service Providers Perspective. Communications of the IBIMA Volume, 2009 (10).

融的发展作了铺垫①。供应链融资服务属于供应链金融的范畴,把供应链中各个参与主体看作一个整体,通过运用各种金融工具来实现供应链中资金的聚集和循环。Archard 结合具体的实例,在实践中得出了供应链金融模式对企业发展的重大影响,并且结合具体的公司,阐述了在供应链融资中应该采用的战略和具体的管理策略,把供应链融资模式应用到企业的发展当中,可以有效地降低企业运营的成本,为企业带来更大的收益②。Dan 等人主要从银行的角度,对供应链融资模式进行研究,提出银行办理和开展相关业务的模式,主要是为处于供应链上的企业带来便利,提供资金支持和便利的金融工具,从而为企业带来更大的收益。办理业务的模式和互联网技术相结合,对整个供应链的运作模式进行充分的了解,以电子商务的方式为企业办理贷款③。Warren④ 认为一些国内外的学者把研究的重点都集中在了通过物流和信息流的研究为企业创造更大价值上,却忽略了对资金流的研究,然而如何让资金高效流通和充分利用,为企业的经营降低成本和带来收益的运作模式,还需要人们的进一步研究。

近年来,由于经济的发展,中小企业迅速增多,但是中小企业由于起步晚、规模小、固定资金少、经营产品单一、信用等级比较低,因此在经营中常常面临资金紧缺的难题。但是在传统的融资模式下,这些中小企业又很难获得贷款。因此融通仓模式出现了,这种模式适应了市场的需求,能够有效地解决中小企业资金紧缺而又难以获得贷款的问题。这种模式提出后,一些专家学者又进一步地进行了深入的研究。紧接着罗齐和朱道立等人也对融通仓模式进行了研究,在融资中和第三方物流企业进行合作,第三方物流企业利用其自身的资源优势,强大的信息系统、先进的储存设备和专业的操作人员,可以有效地降低融资的风险⑤。同时第三方物流企

---

① Min Hu, Qifan Hu. Supply Chain Finance and Analysis of its Financing Models. Proceedings of the Eighth International Conference of Chinese Logistics and Transportation Professionals ICCL TP,2008.

② Archard Gamble. Longer Chains, Lower Costs. Treasure and Risk Management,2004(4),pp. 40-46.

③ Dan S. Ironing out the Kinds in the Financial Supply Chain. Asian Trade Finance Yearbook,2004,pp. 15-26.

④ Warren H. Financial Flows & Supply Chain Efficiency. www. Corporate. Visa. com,2004.

⑤ 罗齐、朱道立、陈伯铭:《第三方物流服务创新:融通仓及其运作模式初探》,载《中国流通经济》2002 年第 2 期。

业为银行和借款企业之间的合作起到了一定的衔接作用。王治等人在比较物资银行的基础上，对融通仓模式进行了研究，从而指出融通仓模式的优点①。这种融资模式适应了市场的需要，使厂商、银行和第三方物流公司三者有效地结合起来，为三方都带来了很大的利益。对于中小企业来说，利用这样的方式，进行质押融资，缓解了资金的压力，使企业的经营顺利进行下去；银行办理这种业务，增加了自身的业务范围，扩大了业务量，同时由第三方物流企业进行监管，可以有效地转移一部分风险，这样银行在低风险的情况下增加了企业的收入。还有这种模式中的另一个合作伙伴——第三方物流公司，开展这种业务，可以形成自身的竞争优势，差异化的战略形成自己的核心价值，同时也增加了收入。陈祥锋、石代伦等人主要从物流服务、金融服务等方面进行了研究，指出融通仓是金融市场不断创新的产物，是在发展过程中实现物流、信息流和资金流的集合②。物流企业除了提供一些常规的七大功能服务之外，还要提供增值服务，也即是对质押的监察和管理，以及进行实时地监控，利用强大的信息系统对市场的环境进行及时的了解，观察质押物价值的波动，以此来预防风险的发生。金融机构主要是为企业提供一些贷款业务、应收账款的监管和回收、商业票据的流通等方面的一些服务。金融机构和物流企业二者之间是相辅相成的关系，在合作中可以达到双赢。除此之外，其他专家也主要分析了融资难问题的解决方案，郑绍庆则认为中小企业在融资中，以真实的贸易为背景，用货物作为质押，获得贷款，在融资中处于积极的地位③。研究者从源头考虑了中小企业融资难的问题，分析原因，然后针对这些问题，提出解决问题的方案。这种融资方式对一些从事生产和销售的企业来说，是一种很好的方式。

目前人们对于供应链融资的研究缺乏定量方面的分析，还仅仅局限于一些基本的概念、特征等方面的研究，对业务模式的盈利水平还处于理论分析的阶段，主要是针对研究对象、业务范围和一些操作步骤等的一些定性研究。

---

① 王治、王宗军：《通融仓与物质银行》，载《中国物流与采购》2005年第8期。
② 陈祥峰、石代伦、朱道立：《融通仓与物流金融服务创新》，载《科技导报》2005年第9期。
③ 郑绍庆：《现代物流与现代金融相融合破解中小企业融资难》，载《浙江金融》2006年第8期。

二、供应链金融的运作模式研究

(一)基于核心企业连带责任的供应链金融运作模式研究

银行通过与核心企业合作,开展订单融资业务,能够有效解决供应链上中小企业的融资难题,李毅学、吴丽华通过建立基于价值链过程的订单融资业务风险分析模型,全面地分析了借款企业实现订单融资过程中所遇到的风险①。该研究表明:在订单实现过程中,风险是影响订单融资业务贷款偿还的最重要因素。环境风险、下游厂商违约风险、信息系统风险和物流企业监管风险这几类风险则会通过影响订单实现过程而影响融资业务;为确保订单融资的安全,融资方应该对五类风险进行详细分析和控制。刘亚亚、曾佑新对物流企业开展订单融资的可行性进行了分析,从物流企业自身的功能要素和自身优势的角度来考虑,物流企业在运营中,最基本的活动就是运输、配送、包装、生产、流通、加工等,本身对商品的状况就有一定的了解,而且物流企业拥有强大的信息系统和先进的设备,能够敏锐地捕捉到市场环境的变化,同时对市场也有一定的了解,所以在和物流企业合作的过程当中,能够利用自身的优势对质押物进行选取和有效监管,能够在一定程度上,降低业务办理中可能出现的风险②。即使在融资过程中,由于市场环境和顾客需求的变化,导致风险的发生,物流企业也可以凭借自己敏锐的察觉力,及时采取措施,使风险降到最低,这对于开展订单融资业务,提供了很大的便利性。在李金龙、宋作玲等编纂的《供应链金融理论与实务》③中,作者将该模式主要分为两种,包括核心企业退款保证模式、核心企业定向付款模式。核心企业退款保证模式是指银行应经销商申请,根据供销商与核心企业签订的《采购合同》,通过对借款企业和有关交易合同进行审核,确认无误后,开始出具银行承兑汇票(供应商为署名),供应商拿到贷款后进行原材料采购,生产经营,但是贷款的使用对象有一定的限制,只能用于此项订单的采购、生产。供应商要缴

---

① 李毅学、吴丽华:《物流金融创新下的订单融资业务风险分析与管理》,载《当代财经》2008年第11期。

② 刘亚亚、曾佑新:《物流企业实施订单融资业务研究》,载《当代商业》2009年第10期。

③ 李金龙、宋作玲等编著:《供应链金融理论与实务》,人民交通出版社2011年版。

纳一定的保证金之后，才能得到货物。为了规避风险，要求取走货物的总价值不能超过保证金，如此滚动操作，直至银行承兑汇票全部覆盖。研究者认为，对于核心企业来讲，该模式能够：(1)提前锁定订单，合理规划产能；(2)通过经销商间接进行融资，降低融资成本；(3)市场销售稳定情况下，可提供适度的赊销融资。研究者提出的另外一种核心企业定性付款模式是以供应链上买卖双方之间的交易为依托，重点审核核心企业的经营状况、信用水平，用订单或者是应收账款等作为融资的条件，同时要求核心企业承担一定连带责任的一种为中小企业提供贷款的方式。

作为资信水平较高的核心企业，这些企业往往是银行及融资机构争夺的优质客户。汤曙光、任建标编著的《银行供应链金融》[1]，从银行的角度分析了与核心企业合作的优势，主要有以下几点：(1)以核心企业的信用为依托，对整个供应链的运营状况进行考核，可以加强企业之间的联系和共同发展，降低信用风险。(2)以供应链的整体实力为审核对象，借助核心企业的信用，在一定程度上，降低了银行的风险。

(二)基于债券的供应链金融运作模式研究

国外首先从影响应收账款融资的外部因素进行研究，Emery 认为如果企业所在行业的销售具有季节性，更有可能选择保理融资，为自身带来更大的利益[2]。如果这些季节性的客户分布在不同的季节，刚好能填充一年的各个时段，那么保理上开办保理业务对自身的发展是非常有利的。这些保理商也会积极为客户提供融资方案，客户也会有更好的发展机会。Mian 和 Smith[3]、Smith 和 Schnucker[4] 的研究显示，经营的季节性基本上对是否开展保理业务没有影响。Mian 和 Smith 认为有了足够的激励机制，销售代理才会承担监督债务人资信的责任，因此借助销售代理的厂商会趋向于采用保理融资方式。Summers 和 Wilson 利用回归模型进行研究分析，得出客

---

[1] 汤曙光、任建标编著：《银行供应链金融》，中国财政经济出版社2010年版。

[2] Emery. An Optional Financial Response to Variable Demand. Journal of Financial and Quantitative Analysis, 1987(2), pp. 209-215.

[3] Mian S. L, C. W. Smith. Accounts Receivable Management Policy: Theory and Evidence. The Journal of Finance, 1992(1), pp. 169-200.

[4] Smith J. K, C. Schnucker. An Empirical Examination of Organizational Structure: The Economics of the Factoring Decision. The Journal of Corporate Finance, 1994(1), pp. 119-138.

户需求和销售渠道越稳定，企业越易采取保理融资①。

关于应收账款融资模式的选择研究，Smith 和 Schnucker 认为应收账款模式更加适用于信用等级比较高的供应商企业中。当企业的信用等级比较高时，银行在进行授信时的成本就会分担到每一个客户身上，当客户(享受商业信用)比较多时，每个人承担的授信成本就会越低。这对供应商来说是有利的，一方面能降低融资的成本，另一方面能为企业缓解资金的压力，为企业的发展提供动力。同时，他们也对"供应商提供产品的单一性是否对保理业务的开展有影响"这个问题进行了数据分析。数据表明，经营产品的差异性越大，越能促进保理业务的开展。Klapper 提出如果买卖交易双方之间没有有效地沟通，不能达到信息共享的情况下，这时进行保理融资，对企业来说是有利的②。在中等收入国家，由于技术的落后，信息很难实现共享，从而保理特别具有吸引力，能给保理商带来更大的价值。因为在这些国家中，借贷双方之间严重的信息不对称使得公司很难获得融资，或融资成本较高。Bakker 等人采取定性描述的方法对影响保理业务的因素进行分析，也得出同样的结论，在中等收入国家，保理特别具有吸引力，因为在这些国家中，借贷双方间严重的信息不对称使得公司难于获得融资，或融资成本较高③。保理可以给企业带来更大的价值。Soufani 运用实地调查的方法，研究了保理的影响因素，发现保理业务的开展受到企业的经营状况、财务状况、产业结构、规模大小等自身方面的影响④。研究表明，如果企业的资金严重紧缺，而且凭借企业的一些基本状况很难得到银行的贷款，这时银行就会采取保理的融资方式。Schnucker、Smith 和 Mian 三者一致认为如果把价格歧视考虑进去的话，那么保理业务模式很难被使用，在供应商采用价格歧视的情况下。但是 Summers 和 Wilson 在进行实地考察时，发现调查结果却是相反的。价格歧视促进保理业务的开展，

---

① B. Summers, N. Wilson. Trade Credit Management and the Decision to Use Factoring: An Empirical Study. Journal of Business Finance&Accounting, 2000(1-2), pp. 37-68.

② Klapper. The Determinants of Global Factoring. World Factoring Handbook, BCP Publishing, 2000.

③ Bakker, Marie-Rence, Leora Klapper, Grerory Udell. The Role of Factoring in Commercial Finance and the Case of Eastern Europe. World Bank Working Paper, 2004(4).

④ Soufani. On the Determinants of Factoring as a Financing Choice: Evidence from the UK. Journal of Economics and Business, 2002(5), pp. 239-252.

这种情况可能是选取的样本具有偶然性，当然，如果保理能给供应商提供更多的信息，便于企业的决策和发展，这种情况也是有可能的。Smith 和 Schnucker 主要研究了保理业务的开展是否受买卖双方合作花费的影响。通过对样本进行选取、调查、分析后得出以下结论：(1) 采取保理业务和销售渠道的稳定性等呈正相关。同时也受客户量（享有商业信用）、交易成本的影响。(2) 公司的大小、销售的周期性对保理业务的开展基本没有影响。(3) 批发商一般很少使用该业务。(4) 公司的客户单一、渠道稳定，就越倾向于采用保理业务。Sopranzetti 研究的重心在于探索最佳业务方式。应收账款的信用质量、偿付能力和出售者声誉在一定程度上影响着保理权的追加[1]。

国内文献主要集中在应收账款抵押的研究和应收账款保理的研究。李扬、杨思群在《中小企业融资与银行》[2]一书中具体说明了应收账款抵押的基本程序。国内对应收账款保理的研究主要集中在法律制度、存在的问题及其对策研究上等，在融资问题上也只是在层面上对保理的优缺点、应用范围作了介绍，对其融资效率、成本等方面并没有作详细的探讨。王秀转对国际保理中的应收账款转让问题进行了法律方面的探讨，并提出相应的立法建议[3]。朱光海、冯宗宪分析了保理方式融资的优缺点，提出对于起步比较晚、规模比较小、经营稳定并且不断拓展市场的中小企业进行保理业务比较合适，这样他们可以快速获得资金，用于产品研发，扩大企业规模；并把保理融资和证券票据融资、一般债权转让等其他债权融资方式作了比较分析，概括了保理融资的特点，总结了保理融资方式的国际经验，展望了保理融资的国内应用前景[4]。

(三) 基于货权的供应链金融运作模式研究

经过几年的发展，在一些西方国家，关于用货权进行质押融资的业务模式的发展已经相对成熟，这种融资方式已经应用到很多的业务领域，有

---

[1] Sopranzetti B. J. The Economics of Factoring Accounts Receivable. Journal of Economics and Business, 1998(10), pp. 339-359.

[2] 李杨、杨思群：《中小企业融资与银行》，上海财经大学出版社 2001 年版。

[3] 李秀转：《国际保理中应收账款转让的法律研究》，首都经贸大学硕士学位论文，2006 年。

[4] 朱光海、冯宗宪：《保理在中小企业融资方式创新中的应用》，载《企业经济》2006 年第 4 期。

关这方面的法律制度也比较完善，为这种业务模式的发展奠定了一定的基础。一般说来，国外基于货权的质押业务的办理为国内企业的发展带来了有益的启示，库存融资的操作主体多样化，应用范围广阔，三方独立监管服务模式突出。

在国内，罗奇、朱道立介绍了一种可以推动质押贷款、促进中小企业发展的融资模式，这种基于第三方物流服务平台的金融创新为我们解决中小企业的融资难问题提供了一种新思路。在20世纪90年代末期，受市场需求的影响，人们才开始关注存货质押融资这一融资方式，这种融资方式能够适应企业的发展状况，顺应了时代的需求，因此，此业务自开拓以来，发展就比较迅速。在大约两年的时间里，就在市场上引起了一定的反响，深圳发展银行是进行此业务的领头羊，发展迅速，业务范围越来越广。2003年广东南储仓储管理有限公司开始尝试该业务，与银行建立起合作关系，不但增加了自身的业务范围和业务量，而且推动着企业向网络化和多样化的方向发展，形成了企业的核心竞争力。

国内最先推出仓单质押业务的物流仓储企业是中储发展股份有限公司，目前中储系统的质押监管业务模式实现了物流、商流、信息流和资金流的有机结合，已实现从静态质押到动态质押，从库内质押到库外质押，从仓储单一环节的质押到供应链多环节的质押的转变。2006年1—10月，仓单质押规模已经超过百亿，较2005年翻一番。公司负责人表示，公司下一步考虑让中储仓单成为可转换的凭证，而未来公司将考虑通过控股财务公司或信托公司的方式进行仓单质押业务，这样中储股份将可能享受利益。

由于国内开展基于货权的融资业务的市场机制的基础环境尚未完全成熟，仓单的流通机制还未形成，仓单更多的是作为一种存货凭证。基于货权的融资业务基本上还处在基于流动货物控制的初级阶段。我国基于货权的融资业务的实践中，围绕着银行、物流企业、申贷企业三方主体，商业模式正在不断地发生转变：在传统的贷款业务办理中，一般只是商业银行负责此业务的办理。但是，现在越来越多的中小银行也开始加入其中，一些金融机构(如保险公司)在此类融资活动中发挥着一定的作用；借款企业的范围也越来越大，涉及各个行业；物流企业也不仅仅从事基本的运输、配送、流通加工、仓储等一般业务，也开始以第三人的身份对质押物进行监察和管理。另外，质押物品的监管方式也从以前的静态监管转变成为动态监管。这在一定程度上使质押物更加灵活，给融资企业带来很大的便利。

三、供应链金融的风险及其控制研究

(一) 供应链金融的风险内容研究

供应链金融风险是指金融机构在办理相关业务之前,只能基于自己有效地水平和信息资源对业务的可行性等方面进行调查审核,由于不确定因素的存在,可能在业务的办理之中、之后出现达不到预期收益的现象。国外对于这一领域的研究开始得较早,Chih-Yang Tsai 主要考察了企业经营的风险和现金流之间的关系。资金的紧缺会使企业的经营不能顺利进行下去,现金的快速、高效地周转在一定程度上能防止企业经营风险的发生[①]。该研究也提出了一些改善现金流的方法,并分析了这些方法的可行性和有效性。最后针对这个问题提出了一些自己的见解。该研究者认为,对于一些中小企业来说,由于自身条件的限制,传统的信贷模式很难得到银行的贷款,从而公司的资金周转受到影响,此时银行如果发行支持证券(以应收账款作为抵押)可以有效地缓解中小企业资金的压力。在存货质押融资风险研究中,Nail 分析了包括存货质押融资在内的贸易融资在当时美国的最新发展趋势,指出贸易融资在 2000 年和 2001 年达到了一个顶峰,2003 年左右有下降趋势,其原因在于风险控制水平还比较低,这样,出于规避风险的目的,美国银行在贸易融资上出现分化,大的银行更加规避风险,业务上比较保守,而小的银行更加灵活,但总体上需要采取措施提高风险控制水平以促进贸易融资,这也说明了在供应链融资模式中,如果物流企业深度参与,利用自身的资源优势,合作中发挥一定的作用,不仅可以有效地降低业务办理的风险,还能增加物流企业的收入[②]。Wright 认为银行对质押物的选择和监察、管理是非常重要的,但是由于银行受到自身能力的限制,并没有专业的人员对质押物进行审核、对质押物的价值不能很好地判断和预期[③]。此外,由于自身技术和设

[①] Chih-Yang Tsai. On Supply Chain Cash Flow Risks. Decision Support Systems, 2008(3).

[②] Nail L. Currents Trend in Commercial Lending. Commercial Leading Review, 2003(2), pp. 10-15.

[③] Wright J. F. Accounting: Inventory-based Lending. Commercial Lending Review, 1988(3), pp. 97-99.

备的不先进，不能对质押物进行有效地跟踪和管理，对市场信息的不敏感等方面的因素，最终导致风险的发生。在此建议考虑引入有经验、有实力的第三方代为评估和监管，从而有效地规避风险。Barsky 和 Catanach 指出包括存货质押融资在内的贸易融资不同于传统的信用贷款①，认为在实际的操作中，要对业务开展的各个环节进行风险预防和控制，不能仅仅只对单一的企业的经营状况、财务水平、运营能力、信用水平等进行考察。作者还用构建模型的方法，对可能发生的风险进行分析并且分类，认为存货质押融资业务拓展过程中可能会发生最核心的业务过程风险和由业务过程风险所引发的宏微观环境风险、员工自身方面的风险和基本结构风险，还有信息不能及时准确地捕捉、传递的风险。作者的这种新分析方法有效地促进了供应链融资的发展，这种综合性的分析方法对风险的控制有很重要的作用。通过从源头进行风险的管理和控制，采取一定的预防措施，能有效地预防风险的发生，及时发现风险，也能及时采取措施，将破坏降到最低。Shearer 和 Diamond 指出，随着社会的发展，市场需求等发生了很多的变化②。各行各业竞争更加的激烈，为了适应客户的需求，就必须不断地进行金融创新。当然，传统的风险评估体系也不能满足人们的需要，因此，也要逐步完善风险评估体系。还有一些学者，从金融市场的变化来进行风险分析，例如 Larrymore 和 Morgan 从利率的角度分析了业务开展可能带来的风险③。

对此，国内的学者也有一定的分析探索，王光石、李学伟对供应链金融业务开展的意义和本质的特点进行探讨，同时又针对业务办理的各个环节对可能出现的风险及如何预防进行了分析④。最终又对如何顺利开展业务等方面提出了自己的见解（即建立7个子系统）。杨晏忠对供应链融资中的风险问题进行了进一步的研究，认为风险主要来自于五个方面⑤：外界

---

① Barsky N. P, Catanach A. H. Evaluating Business Risks in the Commercial Lending Decision. Commercial Leading Review, 2005(3), pp. 3-10.

② Shearer A. T, Diamond S. K. Shortcomings of Risk Rating Impede Success in Commercial Lending. Commercial Leading Review, 1991(1), pp. 22-29.

③ Larrymore N. L, Morgan I. W. Jr. The Effect of Volatility on Commercial Lending Pricing. Commercial Leading Review, 2006(2), pp. 30-31.

④ 王光石、马宁、李学伟：《供应链金融服务模式的探究》，载《2005全国博士生学术论坛（交通运输工程学科）论文集》（上册），2005年。

⑤ 杨晏忠：《论商业银行供应链金融的风险防范》，载《金融论坛》2007年第10期。

环境的影响(包括经济和政治环境)、市场需求的改变、公司的信誉偏低、政府相关重大政策的调整，还有来自于法律不完善方面的风险。然后针对这五类风险，提出不同的预防措施。在李金龙、宋作玲等编纂的《供应链金融理论与实务》中，作者将供应链金融的风险来源分为三类，包括供应链金融原有的银行业务风险、供应链金融业务突出风险以及为控制借款违约风险从而引入动产质押担保方式所带来的风险。李毅学等学者对于供应链金融的存货质押带来的风险也进行了深入研究[①]，他们认为，供应链金融的存货质押风险除了普通信贷业务的法律风险、操作风险、信用风险和市场风险外，由于它依赖供应链上的贸易关系，对质押物的监察和管理，进行实时地跟踪等行为也是很重要的，并且，在业务办理中，各个环节都有可能出现风险，再加上程序比较多，而且具有很强的环境依赖性和自偿性，因此，在识别供应链金融的存货质押风险时必须充分考虑融资业务的系统风险，除此之外，有关质押物的价值波动程度和借款人的信用水平都需要进行严格的审核和调查。这样，根据金融系统工程的思想和供应链金融存货质押的基本特征，其风险可以分为系统风险和非系统风险两部分，并可分为宏观与行业系统风险、供应链系统风险、信用风险、担保存货变现风险和操作风险五大类。

(二)供应链金融的风险控制指标研究

在进行供应链融资业务中，时时要对风险进行控制。所以对风险控制指标的研究就显得非常重要了。传统的信贷模式，由于经过了很多年的发展和实践，人们对此业务进行的风险研究已经相当成熟，能够针对不同的风险采取不同的预防控制措施，对企业的发展具有很大的促进作用。但是，供应链融资作为一个新颖的业务模式，刚刚起步，缺乏实践经验，对风险的控制等内容还在进一步的探索当中。业务的开展受到一些宏微观环境和一些具体的金融环境的影响，例如利率、贷款额度、平仓线和警戒线等一些因素，因此为了更好地发展供应链融资业务，为企业创造更大的利益，还需要对以上风险控制的因素进行更加深入的研究。

在风险控制中，利率是很重要的一个因素，利率高低和风险的大小密切相关。有关利率对风险的影响，很多专家学者都进行了深入的研究和探

---

① 李毅学、汪寿阳、冯耕中、张媛媛：《物流与供应链金融评论》，科学出版社2010年版。

索。例如 Besanko 和 Thakor①、Chan 和 Thakor② 的研究都表明：开展业务时，银行可以通过调整利率和限制担保物质量二者之间的协调来保证业务的顺利开展，利用这种方式可以有效地控制风险的发生。此外，Buzacott 和 Zhang 从企业经营的角度(物流方面)，研究了银行如何通过利率调整来实现对风险的控制③。

但是，在中国，受宏观环境的影响，不能无限制地调整利率。为了保证经济发展水平的平稳，使经济稳固地向前发展，避免出现通货过度紧缩或者是膨胀，国家也有一个自己的利率范围。所以通过利率进行风险控制的方法也遭到了一定的限制。然而质押率可以有效地弥补利率的缺陷，质押率的设定一般不受限制，而且研究表明，质押物的设定和企业的经营状况、质押物的质量、企业的信用等级等密切相关，因此可以通过调整质押率来对风险进行控制。所以很多的专家学者开始致力于对质押率的研究。

在国外的一些研究中，Boot、Thakor 和 Udell 主要从借款人的信誉这个角度来考虑，认为假定借款人的信誉水平和公司发展的程度(也即是努力程度)对贷款的如期归还具有直接的影响，那么银行为了控制风险的发生，就必须严格审核借款人的信用水平④。对低信誉要求高担保，也即是对于信誉低的人要支付更高的利率。Rajan 和 Winton 研究也得出以下结论：即担保物的数目越多，企业不还款的可能性就越小⑤。另外 Massimo 还对应收账款担保数量的影响因素也进行了研究和分析⑥。

另外，担保物的价格波动、贬值等情况也会给银行带来风险。学者对这方面的研究还比较少，在研究中，一般只重视了外界的因素，对担保物自身特点的研究还不足。例如，如果市场环境发生了改变，就会影响担保

---

① Besanko D, Thakor A. V. Competitive Equilibria in the Credit Market under Asymmetric Information. Journal of Economic Theory, 1987(3), pp. 167-182.

② Chan Y. S, Thakor A. V. Collateral and Competitive Equilibria with Moral Hazard and Private Information. Journal of Finance, 1987(6), pp. 345-364.

③ Buzacott J. A, Zhang R. Q. Inventory Management with Asset-based Financing. Management Science, 2004(9), pp. 1274-1292.

④ Boot A. W. A, Thakor A. V, Udell G. F. Secured Lending and Default Risk: Equilibrium Analysis, Policy Implications and Empirical Results. Economic Journal, 1991(5), pp. 458-472.

⑤ Rajan R, Winton A. Covenants and Collateral as Incentives to Monitor. The Journal of Finance, 1995(4).

⑥ Massimo O. Trade Credit as Collateral. Working Paper, Bank of Italy, 2005(8).

物的价格波动。这些变化给银行带来的风险，一般是由企业的经营不善所引起的。特别是像存货质押融资，这些融资业务的顺利进行在很大程度上受到企业经营的影响，如果企业经营管理不善，导致货物流通受阻，造成货物的市场价值下降，进而给银行带来了风险。因此，银行在办理业务之前，进行审核时，也要把企业的经营状况和管理水平考虑进去。Buzacott 和 Zhang 基于这种理念，分析了银行应该如何对于资产类存货的融资进行风险控制。有的企业从事生产经营的商品，具有季节性特征，在淡季和旺季需求量是不一样的。对于这样的企业，银行在办理业务时，就要全面考虑，分析利弊，并且对企业的运营进行严密的监察和管理，及时了解市场的动态。在这种情况下，利率是一种很好的监管机制。应用利率的差别，再运用强大的信息系统，对企业进行监管。但是，在这种方式下，有时也会出现一定的问题，这时银行就必须不断地进行金额创新，开拓出一些新的业务模式。采用为不同的信合约分配不同的授信额度的方式，为借款人提供融资方式。

  国内学者主要针对存货质押融资模式进行了风险控制方面的研究。王文辉研究了在这种融资方式下，怎么设计信贷合约才最合适[1]。他认为，第一，银行应该从总体上，分析能够引起风险的指标，在此基础上建立模型，确定相关性比较大的指标。第二，对这些风险指标在不同的环节进行分散考虑，在信息充分共享的情况下，运用模型分析，得出最优的贷款额度。另外朱文贵、朱道立和徐最也进行了这方面的研究，在进行存货质押融资中，他们将商业信用这个因素考虑进去，假设买方可以进行赊销的方式，在此基础上，得到物流公司在对货物进行监察和管理的时候卖方的定价模型(也就是确定一个利率)，进而确定买方的不同行为分别对利率的影响[2]。陈宝峰和冯耕中等对如何确定质押物的价值风险这个问题进行了探索[3]。在动态监管模式下，对质押物价值，很难用具体的工具进行测量。作者在这种情况下，建立了度量模型，主要通过对货物的变现难易程度和借款的利率，为企业带来的价值量的大小等一些定性的因素进行分析，然

---

[1] 王文辉：《库存商品融资业务最优信贷合约设计》，西安交通大学硕士学位论文，2005年。

[2] 朱文贵、朱道立、徐最：《延迟支付方式下的存货质押融资服务定价模型》，载《系统工程理论与实践》2007年第12期。

[3] 陈宝峰、冯耕中、李毅学：《存货质押融资业务的价值风险度量》，载《系统工程》2007年第10期。

后得出各个要素对价值风险的敏感程度。

在关于存货方面，我国的专家学者主要从季节性商品和随机波动商品两个方面来进行探索。

我们都知道，像冰淇淋、啤酒、饮料等季节性商品的生产和经营很容易受到市场环境的影响，因此，对于季节性的产品，必须把企业的物流反应考虑进去。所以，张媛媛针对企企合作、银企合作、银物合作，三种不同的模式，建立了这类企业应该持有的库存水平，还有银行贷款价值的决策模型①。接着李毅学又探索了银行和物流公司合作对质押物监察和管理的投入水平和严密程度不同，对物流运营方案的选择和银行所确定的质押率的大小的影响②。

有的质押物的加价格波动比较大，针对这种情况，王永忠利用 VAR 方法大致构建相互确定质押率的模型③。

（三）供应链金融的风险预警机制研究

在业务办理过程中，出现突发状况果断采取相应的措施控制，或者通过风险预警的方式处理相应的情况，属于事中控制。如果一旦出现融资企业的单方面违约，这时所采取的措施属于事后控制。事中和事后对风险的控制对提高办理业务的绩效也是重要的。国内外的专家学者对有关风险预警方面的研究主要建立在信用评估机制的基础之上。

目前，在国外，对违约后该如何采取补救措施的研究还比较少。其中，Almgren 和 Chriss 参考增加清算方面的研究模型，来研究在股票市场上实现最优变现的方案④。Dubil 使用随机动态规划的方法，来探索如何在最小成本的情况下，使清算策略达到最佳⑤。这些研究对供应链金融有关

---

① 张媛媛：《库存商品融资业务的贷款价值比的研究》，中国科学院博士学位论文，2006 年。

② 李毅学：《基于物流金融的存货质押融资业务质押率研究》，载《西安交通大学学报》2007 年第 11 期。

③ 王永忠：《仓单质押贷款的问题分析及关键指标的 VAR 设计》，西北工业大学 MBA 论文，2004 年。

④ Almgren R, Chriss N. Value Under Liquidation. Risk, 1999（2）, pp. 62-64; Almgren R, Chriss N. Optimal Execution of Portfolio Transactions. Journal of Risk, 2000（2）, pp. 5-39.

⑤ Dubil R. How to Include Liquidity in A Market VaR Statistic. Journal of Applied Finance, 2003(3), pp. 19-28.

事后风险控制也提供了一定的启示。

同样，在国内，对这方面的研究也不多。杨宝安和季海以人工神经网络的方法对商业银行贷款风险预警进行了研究①。早在十年前，针对借款企业的单方面的违约处理，中国人民银行制定了一些法律方面的措施，来控制风险的发生，弥补银行等其他企业的损失，并且针对有关的事后控制，提出了一些有效的可实施的建议②。另外，胡小平以最优控制理论为研究基础，定量地分析了对证券市场的最优变现时间和方式③。这对供应链融资风险控制的发展是一个很大的推进。一方面，银行可以用多层次灰色综合评价法对中小企业的经营状况、信用等级、借款业务的风险等方面进行分析，为供应链金融业务的开展提供依据；另一方面，对供应链融资中的信用风险和市场环境的变化，可以使用信用利差期权的方法进行分析，然后采取相应的措施进行管理和控制。这样能够有效地控制风险，这对供应链融资的发展具有很大的意义。刘士宁主要针对业务操作环节的风险进行了分析，提出银行应该与物流企业之间建立良好的合作关系，委托物流企业对质押物进行监察和管理④。物流公司利用强大的信息系统，及时反馈市场的变化，从而控制风险的发生。

四、供应链金融与传统融资模式的比较研究

从根本上看，贸易融资是供应链融资形成的前提和基础，贸易融资的发展促进了供应链融资模式的形成和发展。传统的贸易融资仅仅是以单个的企业之间的买卖交易为基础，金融机构作为资金的提供者参与其中，在办理业务之前，主要对单一的融资主体进行经营方面、信用方面等的审核。然而供应链融资模式的发展，打破了这种单一的局面，这种模式把供应链上的所有企业作为一个整体来考虑，使供应链上的各企业之间进行有效的沟通和联系，充分实现信息流、物流和资金流在链上的集中和整合。

---

① 杨宝安、季海：《我国商业银行建立风险预警体系的构想》，载《现代金融》2001年第4期。

② 中国人民银行、世界银行集团、国际金融公司中国项目开发部编：《中国动产物权担保与信贷市场发展》，中信出版社2006年版。

③ 胡小平、何健敏、吕宏生：《最优变现策略与最优变现时间》，载《控制理论与应用》2007年第2期。

④ 刘士宁：《供应链金融的发展现状与风险防范》，载《中国物流与采购》2007年第7期。

在进行融资时，银行不单单只是考察单个企业的经营状况、规模大小、市场影响力、财务状况等，而是要以核心企业的信用为依托，以整个供应链的实力为保证，来办理融资业务。这种业务模式需要银行、中小企业、核心企业和第三方物流监管机构的共同参与。所以，这就增加了供应链融资的复杂性。汤曙光、任建标编著的《银行供应链金融》中指出，供应链融资是以核心企业的信用为依托，因为核心企业的规模一般比较大，信用水平高、市场影响力和占有率大，因此，以核心企业为担保，为供应链上的中小企业提供金融支持。供应链融资这种模式，重点关注整个供应链的实力水平，把供应链上的所有企业作为一个整体来考虑，在一定程度上提高了各个企业的实力水平，企业之间的联系密切了，可以提高整个供应链的稳定性。这种模式由企业之间的竞争转化为各个供应链之间的竞争，不仅有效地促进了中小企业的发展，还促进了整个产业的发展。作者总结出其与传统融资的特点主要包括：(1)提高银行服务水平；(2)能实现银企多赢；(3)中小企业融资更容易。深圳发展银行、中欧国际工商学院纂写的《供应链金融》[1]一书中，从银行的角度阐述了供应链融资模式和传统信贷模式的不同：第一，以核心企业的信用为依托，以整个供应链的实力为保证，来办理融资业务。传统的信贷模式只对单一的融资主体进行经营方面、信用方面等的审核。供应链融资模式的发展，打破了这种单一的局面。第二，融资关注不仅仅是企业的财务状况和固定资产的多少。供应链融资模式以企业间真实的交易为基础，并且强调买卖合同的真实性和合法性，为了预防风险的发生，在业务办理时要和核心企业达成协议，一旦出现意外，要求其承担连带责任。第三，还款来源的不同，供应链融资模式规定贷款具有优先偿还的特点，商品货款可以直接用来归还贷款。李毅学认为，供应链金融是物流金融的发展，也即是物流公司和金融机构之间的有效合作，促进供应链上信息流、物流和资金流的有效集中和整合[2]。金融机构为保证供应链上的企业实现正常的经营运转，通过资金的支持，促进经营、结算、贷款业务的办理。另外研究者还认为，供应链金融和传统的信贷业务不同，供应链金融关注的不仅仅是企业的财务状况和固定资产的多少。这种新型的业务模式是以企业间真实的交易为基础，并且强调买卖合同的真

---

[1] 深发展银行与中欧国际工商学院"供应链金融"课题组：《供应链金融：新经济下的新金融》，上海远东出版社 2009 年版。

[2] 李毅学：《物流金融创新——订单融资业务模式的贷前评估》，载《统计与计策》2008 年第 24 期。

实性和合法性，关注整个供应链的实力，注重信息的共享和有效整合。

五、供应链融资技术支持研究

(一) 供应链融资的技术支持手段研究

在供应链的发展过程中，建立强大的信息系统和发展先进的技术就非常必要的。信息在整条供应链之间充分共享和快速流通，对企业经营是很重要的。信息的充分共享可以有效地降低企业的库存水平，节约成本；还可以使企业快速捕捉到市场需求的变化，迅速对企业的生产经营作出调整，从而为企业创造更大的利润。这种强大的信息系统对供应链融资的发展也是很有必要的。

Alea Fairchild 认为，由于供应链行业的快速发展，有关发展供应链的信息技术和先进设备的引用，金融行业作为供应链的合作伙伴，也必须不断地进行金融创新，来适应社会的发展、环境的变化[1]。在这种背景下，金融机构和企业之间必须实行信息的充分共享，使互联网充分发挥作用，来进一步提高业务办理的效率和质量。通过先进的设备，简化业务办理的流程，从而减少办理业务时的开支。在研究中涉及的智能匹配方案，是金融机构和融资企业之间实现信息共享的一大突破。这个方案，能够使财务匹配行为和供应链行为之间的自动化连接，可以使整个业务操作过程的信息充分共享。这样减少了业务过程中多余的流程，有利于企业降低成本。

刘翔则站在决策的角度，认为建设情境感知数据挖掘技术，对决策具有很大的适用性[2]。这种先进的技术可以对参与业务办理的主体(银行、买方和供应商)所处的市场微观环境和宏观环境进行分析，实现三者的有效整合，提高业务办理的效率和水平。这种技术同时也可以根据系统进行环境预测，根据环境的特征进行分类，这样可以促使企业采取不同的方案来适应不同的环境。但是，在环境识别预测过程中，不能把金融制度考虑在内，因此在供应链金融业务办理中，加入环境参数是很必要的，这样可以提供业务办理的效率，使决策更加合理。

---

[1] Alea Fairchild. Intelligent Matching: Integrating Efficiencies in the Financial Supply Chain. Supply Chain Management: An International Journal, 2006(4), pp. 244-248.

[2] Liu Xiang. A Multiple Criteria Decision-making Method for Enterprise Supply Chain Finance Cooperative Systems, IEEE Computer Society, 2009.

(二)供应链金融平台研究

Viktoriya、Beth研究的重点是,如何利用互联网技术、信息系统等先进的设备和技术,有效地把供应链上的所有企业联系在一起,通过自动化技术平台,实现供应链金融业务的高效率办理①。先进的操作技术和强大的信息系统可以使物流、信息流和资金流实现高效运转和流通,为企业的发展提供强大的动力。同时,信息和资金的有效整合,能够实现高效率的支付、结算、订单的处理和运营,也可以降低金融机构的风险,为银行创造出更大的价值。

Aberdeen公司的实践显示,由先进的信息系统和设备的支撑,采用自动化的业务办理模式,可以有效地提高业务的办理速度,能够为企业带来巨大的收益。但是,这种采用自动化的业务办理模式还存在着很多的问题,需要进一步进行改进、完善和提升。

第三节 本书结构

全书分为四编,研究内容和安排如下:

第一编总论,主要从整体上基于主体关系视角,对供应链融资进行整体性的分析与探讨:第一章主要介绍研究基于主体关系的供应链融资运作模式的研究背景、研究意义,并且对相关文献进行了整理和总结,为本书的研究框架奠定了基础,并介绍了本书的研究内容、研究方法;第二章主要对相关概念进行界定,对供应链融资的概念、特点进行了总结和阐述;对供应链融资成因及其体系构建进行相关阐述;第三章主要对供应链融资进行理论分析,包括供应链融资机理与主体关系分析、价值分析;第四章探讨国内外供应链融资的发展与实践状况。后续篇章按照主体关系视角,依次展开对其供应链融资运作模式的研究和探讨。

第二编是基于核心企业连带责任的供应链融资,包括面向供应商的订单融资与面向经销商的担保融资模式的探讨:第五章主要对面向经销商的订单融资模式的基本概念及特性进行介绍,然后分析其具体操作流程,在

---

① Viktoriya Sadlovska, Beth Enslow. New Strategies for Financial Supply Chain Optimization Rethinking Financial Practices with Your Suppliers to Maximize Bot-tom Line Performance. Benchmark Report, www. aberdeen. com, 2006.

此基础上进行价值分析与管理要求探讨，并从起因和控制角度针对银行风险控制进行研究，最后结合实际案例进行理论运用；第六章主要分析面向经销商的担保融资模式，其分析思路同前述模式。

第三编是基于债权控制的供应链融资，包括应收账款质押融资与保理模式的探讨：其中第七章主要分析应收账款质押融资模式；第八章主要分析保理模式，在介绍保理的基本概念基础上，分析保理业务的运作流程、价值及适用要求，并分析其存在的风险与控制策略，最后结合实际案例进行分析。

第四编是基于货权控制的供应链融资，重点研究了标准仓单和普通货权相关的专业融资业务：第九章主要对标准仓单质押融资模式的基本概念及特性进行介绍，然后分析其具体操作流程，在此基础上进行法律关系与价值分析，并探讨其风险控制，最后结合实际案例进行理论运用；第十章主要分析普通货权质押融资模式，分析思路同第九章。

第二章 供应链融资成因分析及其体系构成

第一节 供应链融资的概念与特点

一、供应链融资的概念

供应链融资(Supply Chain Finance)这一名词最早出现在20世纪80年代。起初,Tower Group公司认为,供应链融资是把供应链上所有企业作为一个整体,以各个企业之间的买卖交易为基础,来为中小企业的贷款提供业务模式。到现在为止,关于供应链融资并没有统一的说法和定义。

关于供应链融资,各类专家都有自己的见解。因为站在不同的角度看待这种新型的模式,侧重点不同,理解也就不同。本书主要根据前人的经营,对供应链融资作如下定义:供应链融资是指以真实的贸易为基础,以核心企业的信用为依托,以整条供应链的实力水平为保证,为处于供应链上下游的中小企业的经营生产活动提供资金的支持。这种业务模式是金融业不断创新的产物,有效地实现了物流、信息流、资金流在供应链上各企业之间的有效流动,增加了整个供应链的稳定性和综合实力。这种方式实现了金融业和实体行业之间的联系。

物流金融是与供应链融资易混淆的另一种融资模式。供应链金融是物流金融发展的产物,供应链金融打破了单一的考虑资金流的模式,而是把三流(物流、信息流和资金流)有效地结合在一起。物流金融是把物流业和金融机构相结合,促进物流、资金流的有效整合,使资金流可以高效运转,为企业带来更大的利益。物流行业的发展,在一定程度上带动了物流金融的产生,反过来物流金融在物流企业的运转中发挥了很重要的作用,通过为物流企业提供资金支持,办理各种保险业务来促进物流行业的发展。两者之间也有一定的共同点,都是金融创新的产物,都是为了缓解中小企业的资金压力而衍生出的一种融资方式。

二、供应链融资的特点

供应链融资作为一种新型的银行服务产品,是时代发展的产物。这种融资模式,满足了市场的需求,以供应链上企业之间真实的贸易为基础,根据中小企业的经营模式和特点,不断进行业务创新,最终开拓出适合供应链发展的业务模式,实现各个企业之间信息、资金的有效整合和流通,有效地缓解了企业的融资问题,获得了银行界和产业界的普遍认可和高度重视。以下是供应链融资的基本特点:

(一)参与主体多样性

在过去的信贷业务办理中,参与者非常受限。一般只有借款主体企业和银行之间进行合作,根据实际情况的考察,固定资产的审核,达成协议。有的业务需要进行担保,可能引入担保人。但是,供应链融资业务的办理是以供应链上真实的贸易交易为基础,以供应链上的所有企业为整体进行考虑的。因此,在业务办理中,需要更多的企业参与其中。首先,处于供应链上下游企业和核心企业发生交易,签订买卖合同,然后进行融资时,需要金融机构的支持,此外,为了监管的效率和效用、降低风险的发生,银行需要委托第三方物流公司的参与。有时,也会有中介机构(如保险公司、期货市场)的参与。一般来说,在不同的模式中,需要不同的参与者,各自发挥作用。金融机构,主要是提供资金。它们是供应链融资服务的金融产品供应者,它为一些企业或者个人提供金融服务、办理金融交易,同时也对融资成本和融资期限起一定的决定作用。核心企业的市场影响力和市场规模都比较大,资信状况也比较好,拥有雄厚的资金,在整个供应链中处于主导型的地位。核心企业在供应链融资中有着重要的影响,核心企业一般掌管着产业链的核心价值,在整个供应链中占有绝对的优势,影响力比较大,竞争力也很强,而且也具有较高的信用评级,在融资过程中处于焦点位置,在供应链融资中是不可获取的。中小企业一般处于弱势地位,是资金的接受者。第三方物流公司对质押物进行监察和管理,观测货物的动态和市场趋势。

(二)供应链融资具有稳定性

供应链融资是以供应链上各个企业之间的真实贸易为基础的,把供应链上的各个企业作为一个整体来运营,各个企业之间建立起来的长时间的合作关系，增加了供应链的稳定性。对金融机构来说，开展供应链融资业务，以核心企业的信用为依托，能够有效地降低融资的风险。这种新的业务模式，不仅有效地促进了供应链上各个企业的有效运营，缓解中小企业的资金压力，促进了供应链的发展；而且也扩大了金融机构的市场范围，增加了市场占有率和业务量，为企业带来更大的收益。这种互利共赢的局面有利于这种业务模式的稳定。

（三）供应链融资具有风险易控性

在传统信贷模式下，业务合作仅仅限于一个单一的企业，进行信用审核时也只是考虑单个孤立的企业，没有考虑到和这个企业相关的其他企业的经营、资信状况。这样就增加了风险。在供应链融资模式下，以核心企业的信用为依托，考察整个供应链的经营状况和实力水平，同时核心企业也要承担一定的连带责任，这样，就有效降低了风险的发生。而且在业务办理过程中，银行通过委托第三方物流公司对质押物进行监察和管理，主要由第三方物流企业定期派人监察质押物的质量，关注质押物的原价和净值以及销售信息、经营状况、承销商等信息，第三方物流公司一般信息网络比较发达，利用自身的资源优势为银行提供有关贷款企业的一些情况，这样就降低了银行由于信息不足而产生的风险，并且对风险的控制也会更加容易操作。

（四）供应链融资具有整体性

第一，在供应链融资模式中，是把供应链上所有的企业作为一个整体来考虑的，进行授信评估时，考察的是供应链的整体实力。第二，供应链融资考虑的是物流、信息流、资金流三者在整个供应链之间的集中和整合，以供应链的整体为出发点来考虑的。第三，在信用评估对象上，金融机构不再单单只考察借款企业的经营状况、实力水平、固定资产、信用等级等因素，而是考察整个供应链的实力水平、核心企业的信用和能力。

（五）供应链融资业务能实现多赢

对银行来说，在供应链的融资模式下，银行业务量和业务范围的加大，可以为银行带来更多的收入，同时为银行不断进行金融创新提供了动力，提供新的业务模式促进差异化战略的形成；对核心企业来说，进行供应链融资，可以缓解上下游企业资金的压力，使生产经营顺利地进行下去，有利于核心企业形成固定、稳定的销售渠道，可提高核心企业的销售利益；对中小企业来说，借助核心企业的信用等级获得贷款，不仅缓解了资金的压力，使生产经营顺利地进行下去，还降低了融资的成本，有利于和核心企业形成稳定的长期的合作关系，在经营中提高自身的信用等级和核心竞争力；对物流公司来说，在供应链金融模式下，物流公司通过与金融机构、借款企业合作，扩大了本身的业务范围，可以获得更大的利益。

(六) 供应链融资具有融资外包性

有专门的融资机构主要从事为企业提供融资服务，融资服务机构可以根据企业的特点，为企业提供适合的融资业务。这样进行融资外包，可以利用融资服务机构的优势，使企业快速获得资金，从而缓解资金的压力，加快资金的流转。

第二节 供应链融资形成的原因与作用分析

一、供应链金融的形成原因分析

(一) 经济高速发展形成的资金平台

从20世纪70年代末开始，我国的经济就得到了迅速的发展。改革开放在很大程度上带动了经济的发展，人民的收入增加了，生活水平也得到了明显的改善。2008年金融危机，对世界各个国家的经济带来一定的冲击，但是，在我国，由于政府的宏观调控，大约经过两年的时间，就消除了金融危机的负面影响。根据调查报告数据显示，到2014年为止，全国居民收入基尼系数为0.469，经济水平的差距也越来越小，人民的收入呈逐渐增长的趋势。经济的不断发展和巨大的资金总量，为供应链融资的发展奠定了基础。

(二) 中小企业融资需求旺盛

最近几年，中小企业的数量迅速增多，截至2014年年底，全国工商登记企业共有1819.28万户。其中，中小企业占企业总户数的99%以上，达1023.1万户。但是，由于中小企业起步晚、发展慢，公司的规模比较小，市场影响力和占有率都比较低，固定资产也比较少，因此，在传统的信贷模式下，银行信贷评级时往往将其归入较低级别，为了预防风险的发生，银行一般不愿意给中小企业办理贷款业务。资金压力常常会使中小企业无法正常运转，严重制约着企业的发展。供应链融资模式就是适应市场的需求而衍生出来的，在供应链融资模式下，银行授信的主体评价不只是单一的企业，而是供应链的稳定性和核心企业的经营状况，买卖双方之间的交易也是很重要的考察对象，这样而言，中小企业的融资就会变得简单得多了，银行可以根据企业经营的情况办理融资服务，不再仅仅只关注静态的财务信息，这样有利于中小企业的核心价值更容易被发现，长期的合作，能够使中小企业的信用水平迅速提升，不仅增加了融资渠道，也为以后的贷款作了铺垫。

（三）银行体系流动性过剩

最近几年，由于经济的快速发展，人们的收入也得到了普遍的提高，越来越多的资金存放到银行，久而久之，银行就会出现资金流动性过剩状态，银行拥有大量的资金，有能力为中小企业提供有效的资金支持。这样，一方面，对银行来说，扩大了业务范围，增加了业务量，增加了企业的收入。另一方面，也帮助中小企业缓解了资金的压力，促进中小企业的发展。除此之外，供应链上中小企业很多，对资金的需求比较多。供应链融资以真实贸易为基础、以核心企业的信用水平为依托，从整个供应链出发，这种业务模式的风险很低。所以，很适合银行解决流动性过剩的问题。

（四）金融机构创新意识增强

虽然中小企业在我国迅速增多，但是由于中小企业起步晚、公司的规模比较小，市场影响力和占有率都比较低，能进行质押的固定资产也比较少，信用等级普遍偏低。所以为了控制风险的发生，金融机构都不愿为中小银行提供贷款支持。但是随着中国加入世界贸易组织之后，金融企业越来越多，金融行业的竞争越来越激烈。为了在竞争中，形成自己的核心竞争力，金融机构不得不不断地进行金融创新。很多银行在竞争中将矛头指向中小企业，中小企业的迅速增多，对资金的大量需求，为金融机构的发展提供了机会。

在激烈的竞争中，一些中小银行想要挤入这个市场中来和一些具有资源优势、市场竞争优势的大型银行一起争夺市场，需要付出很大的代价。

低成本战略几乎是不可能取胜的,因为大型银行的资金雄厚,经营成本和稳定客户的成本都会低于中小企业。所以,要想在竞争中生存,必须实行差异化战略,不断地进行金融创新,设计出满足市场需求的业务模式,形成自己的核心竞争力。

二、供应链金融的作用分析

不仅中小企业可以在供应链金融中得到好处,而且,供应链中的一些核心企业也可以享受到福利(资金和业务方面的支持),这种融资模式下,银行、中小企业、核心企业能够实现利益共享,从而达成共赢的形式①。进而整个供应链的稳固性会更高,整体质量也得到了提升。供应链金融作为一种新型的融资模式,不仅帮助了中小企业,资金难问题可以得到有效解决,市场规模得到了扩大,而且还带动了金融业的发展,通过和实体行业联系起来,使金融业摆脱了长期孤立的局面,不断地进行金融创新,从更宏观的高度来考察实体经济的发展,从在意静态转向企业经营发展的动态追踪,金融业的观察范围、业务办理、思维创新、企业文化、竞争力和可持续发展的战略从根本上改变了。

(一)基于金融机构的供应链融资作用分析

金融机构对企业的服务正在由围绕单一客户的传统"点对点"服务逐步转变为面向供应链企业群的"点对链"服务。金融机构作为提供资金和金融服务的主体,其积极发展供应链金融有以下几个方面的作用:

1. 金融机构的竞争压力得到有效缓解

传统经营模式中,存贷利差是银行主要利润来源,由于我国的中小企业迅速发展,数量越来越多,有广泛的分布范围,但是资金紧缺的状态不能得到有效地缓解,所以,对于银行业来说,有很大的市场潜力,针对中小企业。银行通过拓展"供应链金融"这个业务,改变了传统的过分依赖单一大客户的不利形势,银行可以分散信贷投放,从而分散了风险,而且还能促进中小企业的发展,增加自身的市场占有率,提高了竞争优势。

2. 金融机构自身的风险可以有效控制

在业务办理过程中,银行通过委托第三方物流公司对质押物进行监察

---

① 姜燕宁、郝书池、滕丽等:《发展供应链金融的动力机制和对策研究》,载《商业时代》2001年第6期。

和管理，主要由第三方物流企业定期派人监察质押物的质量，关注质押物的原价和净值以及销售信息、经营状况、承销商等信息，第三方物流公司一般信息网络比较发达，利用自身的资源优势为银行提供有关贷款企业的一些情况，这样就降低了银行由于信息不足而产生的风险，同时也为银行节省了人力、物力、财力。

3. 资金运行具有可靠的增值价值

供应链上的"融资"行动推动了企业之间竞争力的提高，供应链上的产品受到资金的驱动，促使了企业从低端产品向高端产品的转换，从而提高了企业的市场竞争力，不但给企业带来了利益，也间接地促进了国民经济的发展。

4. 有利于银行更好的进行业务创新

金融业通过了解更多的市场需求，不断地开发出市场的潜力，根据客户的需求，设计满足要求的产品，同时也是为自身的可持续发展战略提供了铺垫。通过金融创新，提供新产品，吸引更多的企业来办理金融业务，进一步地扩大了业务量，而且还可以实现供应链上资金的内部循环流动，促进了整个金融业的发展。

（二）基于核心企业的供应链融资作用分析

1. 有助于稳定核心企业的供销渠道

在以往的生产经营中，经常由于上下游企业资金的紧缺，使企业不能正常地运转下去，导致供应链的中断。上游企业由于资金不足，不能购入原材料进行正常的生产，所以不能按时完成订单，这样就会对核心企业的销售造成影响；对于下游企业来说，资金的限制会影响经销商购入货物，减少存货，缩减拓展销售渠道的资金，这样也会使核心企业的经营遭到破坏。进行供应链融资，可以缓解上下游企业资金的压力，使生产经营顺利地进行下去，有利于核心企业形成固定、稳定的销售渠道。

2. 基于核心企业的信用，提升供应链的核心竞争力

核心企业在整个供应链中处于领头的优势地位，核心企业雄厚的资金水平，强大的市场占有力和影响力有利于带动整个供应链上企业的发展，其一，帮助上下游的中小企业进行融资贷款，可以使弱势企业获得正常生产运营的机会，增强整条链的实力水平；其二，上下游企业通过供应链融资，可以和银行建立起合作关系，这种经过长时期的合作关系，可以改变上下游核心企业的地位，以后再进行融资时，就会节省成本，从而可以提

高供应链的稳定性和竞争力。另外，供应链金融不同于传统的融资方式，这种融资的背景是贸易往来，有利于提高企业的信用水平。这种模式下，银行开展供应链融资业务，不仅有利于核心企业，对中小企业的发展也是一种促进作用。

（三）基于上、下游中小企业的供应链融资作用分析

供应链上、下游企业作为供应链上实力较弱的中小企业，一般的信用等级比较低，公司的规模小，市场影响力小，供应链金融的作用表现在以下方面：

1. 缓解资金压力，比较方便地获得贷款

传统的信贷模式中，一般以固定资产作为抵押，然而中小企业的规模比较小，固定资产也比较少，信用等级不高，所以就很难获得银行的贷款，因为风险比较高。但是在供应链金融模式下，银行可以对供应链上的核心企业进行信用评价，不再仅仅针对单一的企业进行融资，而是对整个供应链的经营状态、稳固性等进行评价，进行风险评估时，整体考虑供应链的信用等级，进行检测和控制，这样就方便了中小企业的融资。

2. 有效地降低融资的成本

在传统的信贷模式中，办理贷款业务程序比较繁琐，因为风险较大，需要借助信用机构进行审核，批准，这样复杂的程序会增加中小企业的融资成本。但是在供应链融资模式下，银行会通过评估，选取大型的物流企业（第三方企业的规模和影响力一般比较大，信用等级较高）进行授信，这样既可以降低银行方面的风险，也简化了中小企业融资的程序。银行授予的仓储企业可以直接对借款企业进行考察和监管，然后签订质押合同，受银行的委托，物流公司对质押物要进行监察和管理。这种方法在一定程度上不仅降低了风险，还提高了业务办理的效率。

3. 有效盘活中小企业流动资产，解决抵押不足的问题

对于大部分的中小企业来说，规模比较少，固定资产比较少，大约只占总资产的40%，但是以固定资产进行质押的金融融资业务办理模式，在目前还处于主导地位，有限的固定资产，较低的信用等级，使中小企业很难获得贷款。但是，在供应链金融模式下，可以借助核心企业的经营规模、信用等级，实力水平，进行流动商品的质押融资，从而可以缓解资金压力，促进中小企业的生产经营。

(四)基于第三方物流企业参与的供应链融资作用分析

1. 有利于形成自己的核心竞争力,拓展业务范围,加大业务量

传统物流公司的业务一般只是简单的运输、包装、配送、流通加工、储存等业务,但是在供应链金融模式下,物流公司通过与金融机构、借款企业合作,扩大了本身的业务范围,可以获得更大的利益。物流公司通过供应链金融业务,在整个供应链节点上进行控制,利用自身的资源优势,形成自己的核心竞争力。

2. 第三方物流为供应链金融的发展起到了连接和承接作用

物流公司作为参与方,有效地连接了银行和企业之间的合作,在我国的有关政策中明确规定,金融机构除办理金融业务之外,不能在其他领域从事经营活动,所以,银行要与第三方物流公司进行合作,委托第三方物流公司运用资源优势和专业能力,对质押物进行有效的监督和管理。除此之外,物流公司在储存和保管质押物方面,有自己的资源优势,设备比较先进,人员比较专业,可以有效地降低风险,同时银行委托物流公司监管,也转移了一部分风险到物流公司身上。

3. 避免同质化竞争、提供增值服务的需要

随着物流行业的发展,越来越多的人开始从事物流业务,物流公司也迅速发展起来,但是,我国物流公司的经营模式、办理业务基本一样,这样就给物流行业带来了很大的竞争压力。我们都知道,公路运输、铁路运输是普遍的物流运输途径,强大的竞争压力使物流企业的利润十分微薄,进入铁路、公路"怪圈"。并且这些普通的业务办理,很难有利润增长的空间。但是,相对而言,对于供应链融资,关注的物流公司普遍较少,竞争压力不大,并且未来发展的空间还比较大。

(五)基于政府参与的供应链融资作用分析

1. 有助于建立良好的融资环境

外部的宏观环境对业务的发展,具有很大的促进作用,政府的支持,能对业务的办理提供便利的条件,政府部门通过制定相关的政策,切身为中小企业的发展着想,制定出灵活的、合理的政策,可以有效地解决中小企业资金短缺的难题。大力发展完备的监管体系和风险控制的系统,对金融业的发展提供技术和法律政策的支持,从而有助于金融业的发展。制定出切实可行的政策,做到受惠于大众,而且有利的宏观环境也能促进经济

的快速增长。

2. 有助于应对国际竞争

随着经济全球化和多元化的发展，我国在国际上的地位也不容忽视。我国自从加入世界贸易组织之后，国际上的经济贸易的竞争也日趋激烈。激烈的竞争促使我国企业更加迅速的发展，这时就需要政府有关部门的支持。对于中小企业来说，起步晚，发展慢，资金缺乏，规模较小，如果出现金融危机，则将给企业带来致命的打击。国家面对这种状况，一方面要对中小企业进行扶持，出台相关的优惠政策，促进中小企业稳固的发展，另一方面 防止金融泡沫，发挥自身的宏观调控优势，使金融市场能够稳定地渡过难关，发展下去。

第三节 供应链融资体系

供应链融资体系是一个包括像商业银行之类的金融机构、供应链中的各个企业、物流监管企业、第三方支持机构、政府部门及相关环境构成的一个大系统。供应链金融系统组织结构图如图 2-1 所示①，供应链金融系统中的各类参与者之间多方利益共存、相互制约形成了运用自偿性贸易融资的信贷系统。

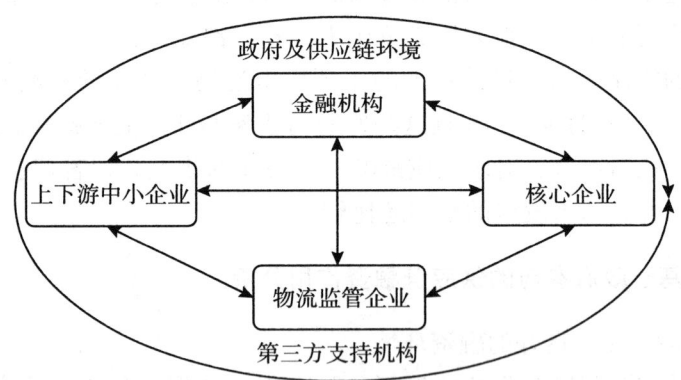

图 2-1　供应链金融系统组织结构模式

---

① 朱文贵：《金融供应链分析与决策》，复旦大学博士学位论文，2007 年。

一、供应链融资体系构成

(一) 金融机构

像一些银行、保险公司等以资金管理为主营业务的企业都属于金融机构，主要是提供资金。它们是供应链融资服务的金融产品供应者，它为一些企业或者个人提供金融服务、办理金融交易，同时也对融资成本和融资期限起一定的决定作用。

支付结算服务和融资服务是金融机构在供应链融资开展的主要业务。在进行金融交易时，风险的预防和控制是非常重要的部分，需要引起足够的重视。例如，在融资服务中，企业在进行贷款的时候，为了进行约束，一般都需要有抵押物和质押物，这样银行才会提供贷款。但是，对于中小企业来说，固定资产比较少，流动资产由于不固定，所以，有很大的风险，一般不能用来作为抵押物。但是为了中小企业的发展，金融机构有必要进行金融创新，开展业务的范围更广泛，除此之外，在供应链融资这个业务办理之中，银行等金融机构常常通过和第三方物流企业开展合作，结合企业供应链特点，针对各个阶段的需求状况来设计相应的供应链融资服务产品。

在传统信贷模式下，银行办理业务的方式是"1对1"，业务合作仅仅限于一个单一的企业，进行信用审核时也只是考虑单个孤立的企业，没有考虑到和这个企业相关的其他企业的经营、资信状况，形成的也只是单纯的信贷委托关系，没有更多的业务往来和支持，如图2-2所示。而在供应链金融模式下，银行开展业务的方式是"1对'1＋N'"，如图2-3所示①。

(二) 核心企业

一般来说，核心企业的市场影响力和市场规模都比较大，资信状况也比较好，拥有雄厚的资金，在整个供应链中处于主导型地位。核心企业在供应链融资中有着重要的影响，核心企业一般掌管着产业链的核心价值，在整个供应链中占有绝对的优势，影响力比较大，竞争力也很强，而且也具有较高的信用评级，在融资过程中处于焦点位置，在各个银行中广受欢迎。

---

① 张丽：《基于中小企业融资的供应链金融研究》，山东大学硕士学位论文，2011年。

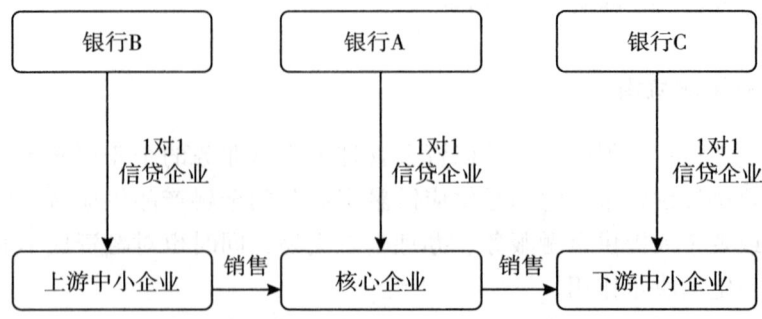

图 2-2　传统信贷模式中银行和融资企业关系图

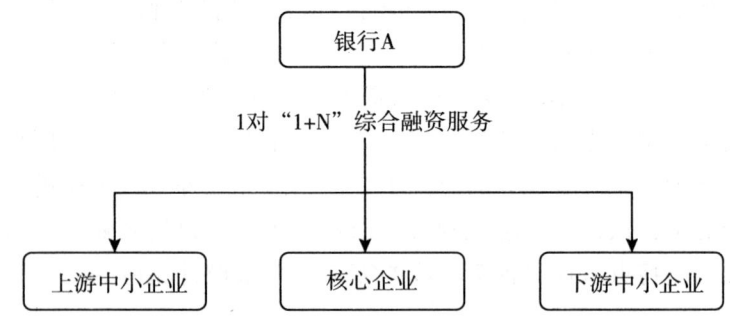

图 2-3　供应链融资模式中银行和融资企业关系图

(三) 中小企业

中小企业在供应链融资中受益匪浅，可以说是最直接的受众，但是，并不是任何中小企业都能参与到供应链之中，加入到供应链之中，对中小企业也有一定的要求，这类企业在某方面要有自己的竞争优势，例如在劳动力成本、非核心的产业技术以及销售渠道等方面，并且集中于供应链的低附加值环节。这类企业有如下最基本的特点：

第一，中小企业一般来说竞争力比较弱，在整个供应链中处于弱势地位，与核心企业相比，在交易价格、结算方式、供货速度或销售指标等方面，远远缺乏竞争力，同时，利润微薄，规模较小，资金紧缺，竞争压力较大。

第二，信用评级较低，基础薄弱，进行融资的成本比较高，是银行的高风险客户。

第三,公司的规模比较小,固定资产少,预付账款、存货和应收账款占用了大量的流动资金,企业的现金比较少,资金紧缺。

(四)物流企业(物流监管企业)

物流企业是供应链金融中最重要的支持性主体之一。在金融交易中,银行需要委托物流企业对质押物进行监察和管理,第三方物流企业受银行的委托,除了对质押物进行监察和管理之外,还要进行商品的保养,同时为银行提供重要的信息,这对供应链上的企业的经营状况具有很大的促进作用。[1]

物流企业的引入有助于银行控制货押业务的风险,一方面,由于物流企业可以利用自身的资源优势(先进的储存设施和运输工具、专业的管理人员等)为质押物的保管和监察起到很好的作用,为银行提高了监管的效率;另一方面,物流监管企业进行实地监察和管理,专业的人员和设备,对危险信息具有敏锐的察觉力,面对任何的突发状况都能够有很好的判断,果断决策,在一定程度上可以有效地降低银行的风险。虽然监管过程中有可能增加信贷成本,但是这种委托关系是得到法律支持的,是进行交易的前提。商业银行为了更好地进行存货融资服务需要第三方物流企业的参与。这为业务的顺利开展提供了保障。[2]

(五)第三方机构(第三方支持机构)

在供应链融资方式中,各个环节的操作都比较多,但是银行的工作人员和信息设备并不是在各个环节都足够的专业,有的超出了银行的业务范围。因此需要其他支持型机构的帮助。如第三方电子商务平台,信息技术服务企业等。

第三方电子商务平台为企业提供信用评级、资金结算和资金融通综合性等服务。信息流的透明度和可示性通过此平台得到了增强,为银企间的合作构建了新桥梁。

软件提供商、信息服务商等都属于信息技术企业的范畴,这些企业利用自身的资源优势和技术、信息优势,为系统中的其他成员提供服务。

---

[1] 张丽:《基于中小企业融资的供应链金融研究》,山东大学硕士学位论文,2011年。

[2] 史运昌:《供应链融资对信息不对称的消解研究》,湖南大学硕士学位论文,2009年。

(六)政府及其监管机构

政府监管机构并不是供应链融资系统中的行为主体,但金融监管当局通过设立各项监管要求来影响供应链融资。各级银监会是目前在中国主要的监管部门,除此之外,税务、海关等也会影响到供应链融资。

同时,各种中介服务机构(如:审计、拍卖租赁等)也会影响到供应链融资,相反,中介服务机构的发展也会受到供应链融资的影响。

二、供应链融资体系中主要涉及要素

供应链运作中的三个重要因素是信息流、资金流和物流,只有保证这三个要素在供应链上高效流转,才能够提升整条链的效率,为链上企业带来更多利益。物流是指供应链上各节点企业之间的物质流动(如图2-4所示),这个过程包括物质在供应商、制造商、分销商、零售商之间传递等一系列过程,在物质一系列传递的过程中也伴随着资金的流动,但是资金是朝着相反的方向流动的,最终客户买入货物,支付给零售商资金,是一个资金最终再到供应商的过程,当然这个过程中也有需求信息的传递,信息的流动是双向的。信息流是物流和资金流能够顺畅流动的必要支撑,其双向流转性保证了供应链上各节点企业之间的双向沟通。

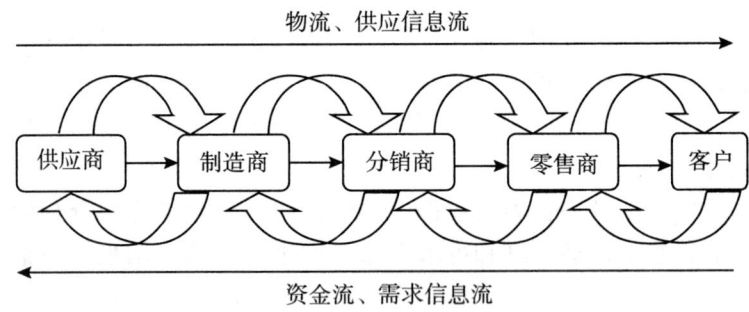

图2-4 供应链上的物流、资金流、信息流

供应链融资是以核心企业为出发点,为供应链上中小企业提供资金支持的融资模式,其运作过程也离不开信息流、资金流和物流这三个要素的参与。

(一) 资金流

采用供应链融资模式的主要目的，就是为了保证供应链上资金流的顺畅流动。供应链上各企业之间具有利益相关性，核心企业要想进一步获取利益，就需提升链上其他配套企业的整体实力。为满足链上大型核心企业的业务需求，中小企业需要相应规模的资金作支撑。而银行作为融资的主要渠道，拥有大量的现金资本，有能力为企业提供所需资金。供应链融资则正是借助银行的资金实力来保证整条供应链上资金的正常流动。

(二) 物流

在尽量避免对物流造成影响的前提下，供应链融资的核心设计思想是对供应链上流动的"物"实施有效监控。为降低金融机构的信用风险，供应链融资中常借助第三方物流企业的信用实力或单笔商品交易的自偿程度，来对供应链上下游单个或多个企业提供金融服务。

(三) 信息流

信息流的畅通是保证供应链效率的必要条件，如果供应商、制造商、经销商之间存在严重的信息不对称，会直接影响链上物流、资金流的有效运转，另一方面，由于供应链融资中自偿性贸易融资的特点，银行能够有效获取中小企业生产运作等方面的信息，从而降低银行的信用风险。

三、供应链融资体系的主要模式

对以往的供应链融资模式的研究中发现，有的学者对供应链融资模式进行了不同的划分。站在不同的角度，划分出来的结果也是不一样的。具体划分的情况如图 2-5 所示[1]。

这些划分并没有明确的依据，有时候会出现交叉的状况，多种模式共同组合在一起，进行金融融资业务的办理，也会经常出现的。从资金的流向和供应链贸易的过程来看，可以把供应链金融的业务模式分为预付账款（保兑仓）、动产质押（融通仓）和应收账款这三种融资模式，如图 2-6 所示[2]。

---

[1] 王玉洁：《供应链金融中保兑仓融资与运作决策》，北京交通大学硕士学位论文，2009 年。

[2] 王玉洁：《供应链金融中保兑仓融资与运作决策》，北京交通大学硕士学位论文，2009 年。

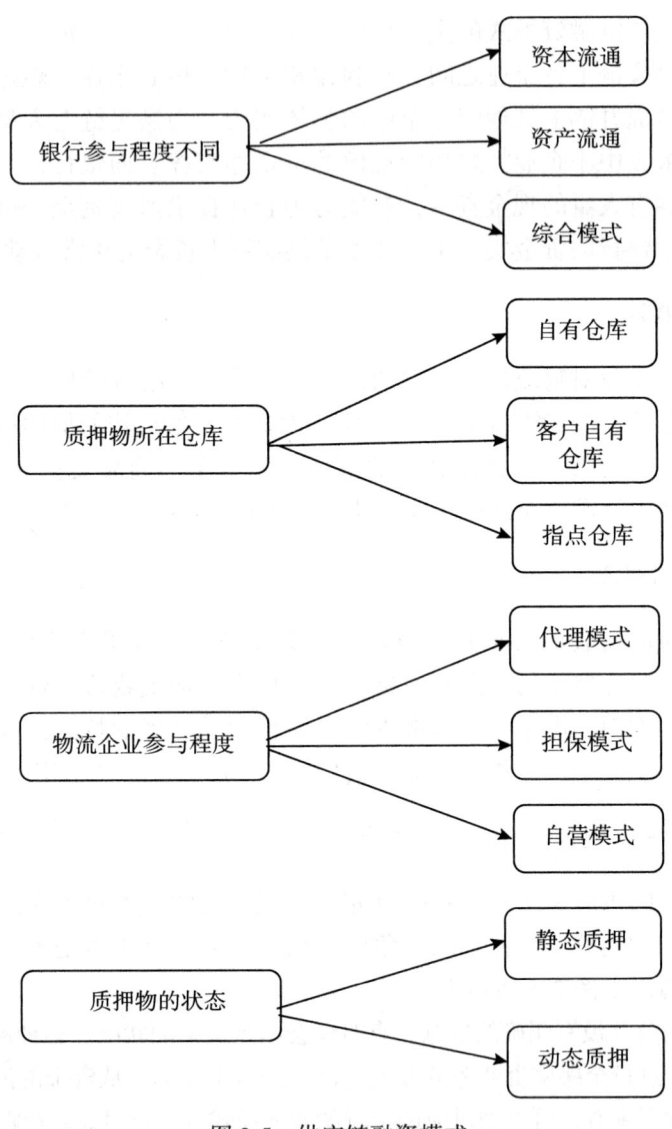

图 2-5 供应链融资模式

第三节 供应链融资体系

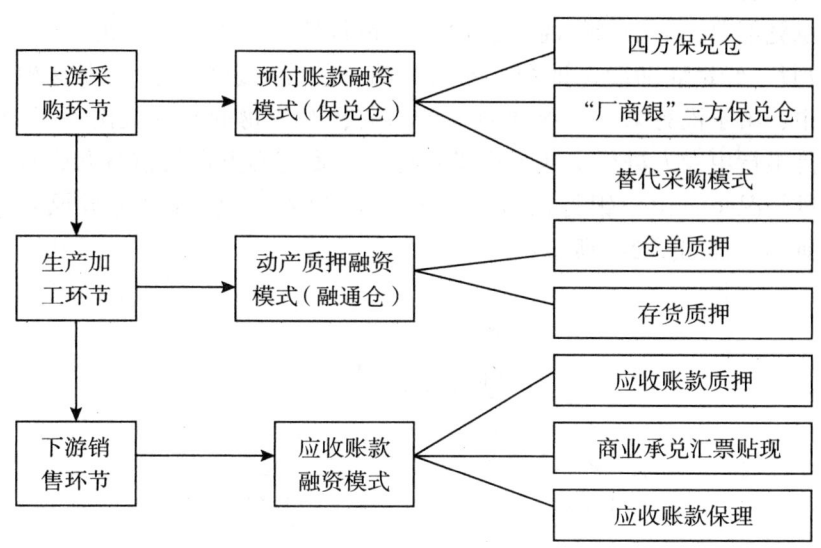

图2-6 供应链金融模式分类

(一)预付账款融资(保兑仓)模式

供应链处于核心企业下游的企业,一般来说,市场占用率比较低,企业规模比较小,没有很高的信用等级等特点,一般在经营过程中没有主动权,处于弱势地位,就会出现缺乏信誉保障,在订购商品时,就会被要求提前支付一部分货款的局面。这样而言,就占用了下游企业的流动资金,如果由于资金紧缺,则很难运营下去。针对这种情况的发生,保兑仓业务就出现了,用来满足中小企业融资的需求。保兑仓业务办理的前提基础是银行的信用,结算工具为银行的承兑汇票,监管机构受银行的委托,用来对货物进行监察和管理,货物的所有权归银行所有,并且为了预防风险的发生,规定一旦有滞销等经营不善情况的发生,卖方要进行货物回购。这其实是一种由银行提供承兑汇票(向供应链上的企业,包括卖方和买方)的金融服务。这种模式为供应链上的中小企业实现杠杆采购和大量销售提供了条件。

根据是否有物流企业参与其中,按照这个条件保兑仓融资模式又划分为三方保兑仓模式和四方保兑仓模式。

1. 厂商银模式(三方保兑仓模式)

只有制造商、经销商和银行三者参与的,被称为"厂商银"模式,开立银行承兑汇票,上游制造商(卖方)根据银行的指示给下游经销商(融资企业)发货,经销商随缴保证金、随提货的一种特定票据业务。在这种业务模式中,由于没有第三方物流企业的参与,对货物的监管就出现了困难,只能是银行由专人进行实地监管或者是银行委托卖方进行监察和管理,但是这种情况下,由于银行没有专业的人员和设备,就容易造成风险的发生。具体流程如图2-7所示:

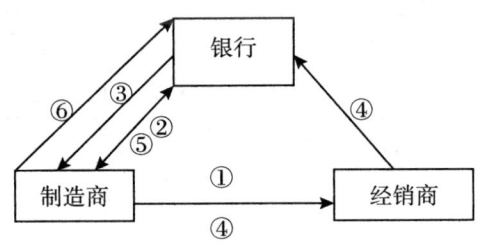

图2-7 "厂商银"三方业务流程图

①制造商和经销商之间达成买卖协议,并且签订合同,然后双方凭借合同去银行办理融资业务;

②银行接到业务申请后,指派专业人员对供应商的经营状况、信用水平、管理水平,还有回购能力,进行专门的调查和审核,确认无误后,与供应商签订相关协议;

③为了控制风险的发生,银行要收取融资企业一定数量的保证金,然后银行开始签发承兑汇(这个汇票的收款人为供应商),最后经销商才能获得货物所有权;

④在生产完成后,银行下达指令,制造商接到银行同意的命令后,才会向经销商发货,当然这个过程之前,银行要收取一定的提货保证金。

⑤经销商实现销售完成获得一定的货款后,需要再次向银行缴存保证金,重复以上流程;

⑥在承兑汇票的期限到了的时候,保证金不足以支付承兑汇票,这之间剩余的部分由供应商提供。

2. 四方保兑仓模式

有第三方物流企业参与的四方保兑仓模式,由专门的第三方物流机构对货物进行监察和管理,由于供应链上核心企业的信用等级比较高,影响力比较大，凭借核心企业强大的优势，来进行业务融资办理。这种模式主要由银行、融资企业、物流企业、核心企业四方进行合作，共同签订合作协议。这种模式还是由银行控制其提货权的融资业务。这种模式与前一种模式的区别就在于对货物监控的主体发生了变化。具体的业务流程如图2-8所示：

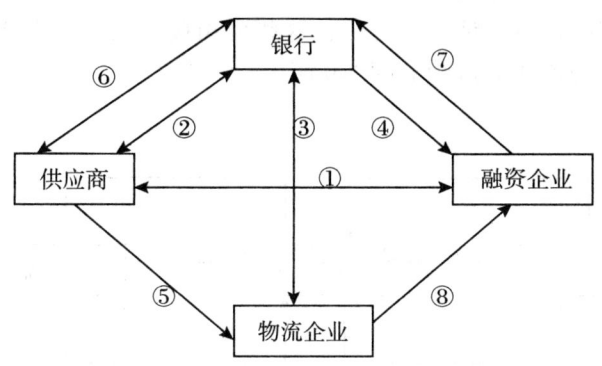

图2-8　四方保兑仓模式业务流程图

① 制造商和经销商之间达成买卖协议，并且签订合同，然后双方凭借合同去银行办理融资业务；

② 银行接到业务申请后，指派专业人员对供应商的经营状况、信用水平、管理水平，还有回购能力，进行专门的调查和审核，确认无误后，与供应商签订签订相关协议；

③ 银行委托物流公司进行货物监察和管理，双方之间签订相关协议；

④ 银行根据审核的结果，授予供应商企业一定的额度，之后银行签发承兑汇票(汇票的收款人为供应商)；

⑤ 经过银行的授信之后，在得到银行同意的前提下，供应商开始发货，将货物储存到银行指定的仓库，进行储存，同时仓单也就形成了；

⑥ 供应商把得到的仓单进行质押，银行受到仓单质押后，审核准确无误后，开具承兑汇票，最后由供应商交付给卖方；

⑦ 在生产完成后，银行下达指令，释放一定程度的提货权给买方，监管企业接到银行同意的命令后，才会释放，当然这个过程之前，银行要收取一定的提货保证金。

⑧ 卖方具有一定的提货权之后，才能去仓储企业提取货物。

接下来可以继续重复流程⑦和⑧，在汇票到期时，如果保证金和承兑汇票金融一样，银行归还仓单。如果保证金与承兑汇票还有一定差额的时

45

候，供应商进行货物回购，用来弥补差额。

3. 替代采购模式

替代采购模式也是预付账款融资的一种，在这种模式下，借款企业本身不进行货物的采购，而是由一些实力较大的物流公司或者是专门从事贸易业务的公司进行物品的采购，借款企业要想得到一定的货物，就必须向银行交付一定的提货保证金，之后，这些公司按着银行的要求释放一定比例的物品。这种模式的流程如图2-9所示：

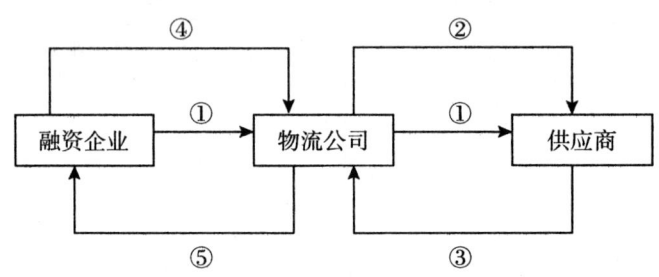

图2-9　替代采购模式业务流程图

①融资企业与物流公司，物流公司与供应商分别签订购销合同；
②物流公司或贸易公司向供应商开具银行承兑汇票；
③供应商将货物发送至物流公司或贸易公司指定的仓库中；
④融资企业向物流公司提交保证金；
⑤物流公司按照保证金比例向融资企业释放货物。

在外贸业务中，替代采购模式一般比较常见的是凭借信用证，进行担保融资，从供应商处获得货物；达成协议后，供应商按照合同规定把质押物运输到指定的仓库，在此过程中，货物的所有权发生了转移，当仓储企业确认无误，验收入库后，由物流公司进行监察和管理，然后按照一定的要求把货物释放给买方。物流企业或者是贸易公司，利用自身的优势，在这种融资模式中，发挥了很大的作用，这些企业将自己作为供应链上的一定节点存在，为供应链融资提供了各方面的支持，这些企业在采购材料和进行监管方面，有专业的渠道和专业的人员管理、专业的先进的设备进行监控，从而降低了融资的风险。

（二）动产质押融资（融通仓）模式

因为外界环境具有很大的不确定性，企业的生产经营受各方面因素的影响，从采购原材料到产品的生产和加工，都会受到环境的影响。企业为了保证生产和销售的稳定持续进行，就必须保持一定的库存水平，但是我们都知道，库存会占用企业大量的流动资金，导致生产经营等方面的资金紧缺，为了保证企业正常的运转，就必须进行融资。此时，企业可以把一些库存产品作为抵押，进行贷款，这也就是所谓的动产融资。对动产的监察和管理等，一般由物流企业来承担。仓单质押和存货质押是动产融资的两种主要的形式。

1. 仓单质押

仓单有标准仓单和普通仓单之分，所以利用仓单进行质押时，也会出现不同。标准仓单的形式和内容等比较统一，符合交易所的规范，具有统一的模式，标准仓单质押时，需要在指定的交割仓库进行货物的审核、入库、验收，当准确无误时，仓库负责给货主出具质押凭证，这种凭证必须在交易所注册后才能生效，当货主提供货物时，必须出示该凭证。普通仓单的手续办理要求，相对比较简单，当仓储企业收到货物后，进行审核、验收，确定无误后签订仓储合同，然后对货物出具凭证。标准仓单质押融资的运作流程如图 2-10 所示①：

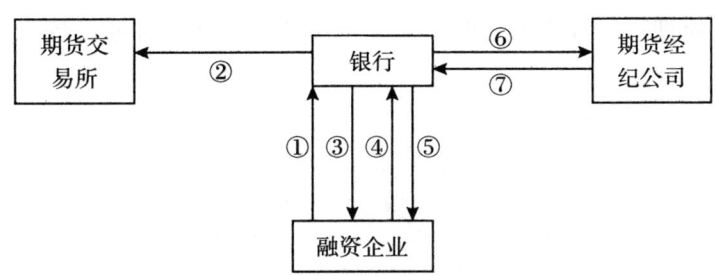

图 2-10　标准仓单质押融资业务运作流程图

① 借款人向银行提交标准仓单，还有《质押申明书》；
② 银行接到业务申请后，开始办理有关质押的手续(和期货交易所)；
③ 手续办理完成后，银行提供贷款给借款人；
④ 融资企业在质押时，向银行补交保证金或者把授信归还给银行；
⑤ 银行受到保证金或者是授信后，释放标准仓单；

---

① 王玉洁：《供应链金融中保兑仓融资与运作决策》，北京交通大学硕士学位论文，2009 年。

⑥如果借款人需要用实物交割来归还银行的贷款,此时银行会把标准仓单交到期货经纪公司来进行交割。

⑦进行交割获得货款,优先用于归还银行的贷款。

普通仓单质押业务的流程比存货质押多出了仓单的转换和流转,其他基本一样。

2. 存货质押

存货质押融资是指,借款企业进行这种融资模式时,必须把质押物运送到银行指定的监管物流公司,质押物必须符合法律规定,货物合法是质押的前提。指定仓库收到货物,并且确认无误后,银行会提供一定额度的贷款给借款企业。银行在收到提货人的货款后,向监管企业发出释放货物的命令,监管企业收到银行的通知后,才把货物交给提货人。但是,在规定的期限内,借款人由于经营不善等原因,不能按时归还贷款,按照法律的规定,银行有权力在拍卖市场上将手中的货物拍卖出去或要求发货人承担回购义务。根据质押货物是否可以提取或更换,可以把货物质押区分为静态质押和动态质押。静态质押的要求相对比较严格,货物一旦质押,就不能进行交换,以货换货是不被允许的。动态质押是静态质押的发展,质押的条件比较宽松,借款企业可以根据自己的需求来提取或者变换质押物,但是质押物的价值不能低于某一设定值。动态质押业务模式如图2-11所示。

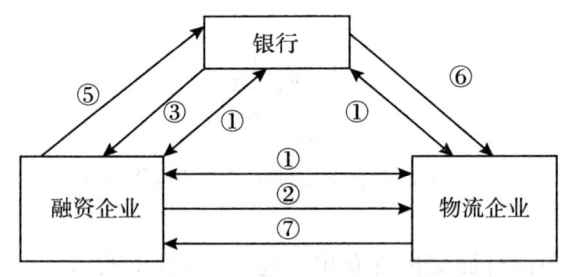

图2-11 动态质押融资业务运作流程图

①融资企业、银行和物流公司(银行委托的)三方之间签订《仓储监管协议》;

②融资企业将货物抵质押给第三方物流企业;

③货物审核、确认无误后,银行提供一定比例的贷款给融资企业;

④物流企业对质押物进行监察和管理,并随时向银行汇报质押物的

状态；

⑤质押物价值低于一定限额时，融资企业需要追加保证金；

⑥银行通知物流企业释放货物；

⑦融资企业提取货物用于生产经营。

动产质押模式作为一种新型的融资模式，能够满足市场的需求，能够为资金短缺的中小企业提供合适的融资方式，为中小企业的顺利营运提供了支撑，动产质押实现了货物凭证向流动资金的转换，为企业的发展提供了更大的可能。但是动产质物因为具有很大的不固定性，价值容易受到市场需求和宏观环境的影响，因此，具有很大的风险，但是银行可以采取和企业之间签订回购协议，与第三方物流公司的合作等途径来降低风险。

(三) 应收账款融资模式

位于供应链上游的生产企业在向核心企业销售产品时，由于核心企业在市场中处于绝对的优势地位，往往不会及时支付货款，导致中小企业的资金紧缺，为了企业的持续经营，不得不进行融资。对一些影响力比较大的大型企业来说，例如家乐福、沃尔玛、苏宁等这些企业由于占有了大部分的零售市场，就会提出赊销，有时候提出的条件会更为苛刻，其供应商为了经营的需要，必须接受这些赊销。应收账款融资就是为了适应这种趋势，为处于供应链上游的中小企业提供融资的一种很好的方式，中小企业可以用应收账款凭证(核心企业提供的)作为质押担保物，在应收账款的期限内，向银行申请短期贷款。①

应收账款质押、商业承兑汇票贴现和应收账款保理是用应收账款进行融资的三种主要的方式。三者的主要特点和不同如表 2-1 所示：

表 2-1　　　　　　　三种应收账款融资方式的主要区别

品种	应收账款质押	商业承兑汇票贴现	应收账款保理
信用风险	卖方信用是第一还款来源，买方信用是其支持与保证	卖方信用是第一还款来源，买方信用是其支持与保证	买方信用是基础，业务风险完全取决于买方信用

---

① 刘颖：《供应链金融研究》，电子科技大学硕士学位论文，2009 年。

续表

品种	应收账款质押	商业承兑汇票贴现	应收账款保理
授信操作	单笔审批	占用开票行同业授信额度	保理额度内循环使用
质押物	应收账款	银行承兑汇票	无
债权转移	不转移	不转移	转移至保理商
担保条件	需要提供担保条件	需要提供担保条件	不需要任何担保条件
法律依据	《担保法》等	《票据法》等	国际保理适用《国际保理业务通用规则》
适用范围	贸易往来不多，期限较长的应收账款	与国内大型企业贸易往来频繁的国内贸易	与信用状况良好的国际企业集团展开的国际贸易

1. 应收账款质押

借款企业在销售过程中，不能及时收到货款，形成的应收账款，可以作为企业的质押工具，企业在资金紧缺的时候，可以用应收账款作为凭证，向银行申请贷款，在融资期限内，当借款企业收到货款时，再偿还银行的贷款。交易流程如图 2-12 所示：

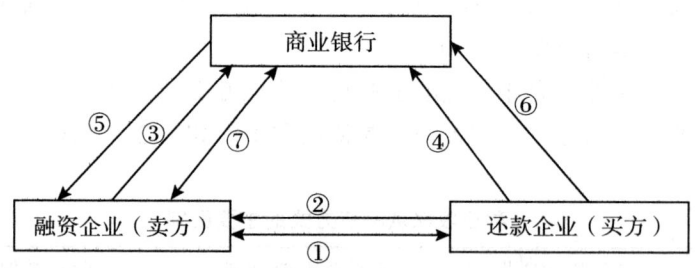

图 2-12 应收账款质押业务流程图

①供应商和经销商（也即是卖方和买方）之间发生买卖关系；
②买方开出应付账款凭证，卖方收到应收账款凭证；
③借款企业向银行申请单款业务，质押应收账款给银行；
④买方要提供应收账款证明给银行，并和银行之间签订有关还款的事项；

⑤银行审核完成后,为卖方提供资金,卖方可以用资金再进行正常的生产经营;

⑥在约定期限内,买方要把货款打到银行指定的账户(卖方开设的),用来归还贷款;

⑦质押业务完成,解除合同。

应收账款质押融资业务的开展,一方面,可以帮助中小企业获得资金,用于公司正常的经营生产;另一方面,可以扩大银行的业务范围,增加银行的业务量,促使银行不断创新发展,形成竞争优势。

2. 商业承兑汇票贴现

商业承兑汇票贴现与应收贷款质押融资的业务流程大致相似,唯一不用的是质押物是买方支付的商业承兑汇票,票据的期限一般是六个月以内。

3. 应收账款保理[①]

保理业务作为一种新颖的业务模式,可以综合性地办理一定的业务,当卖方取得应收账款时,由于资金的压力,可以把应收账款以一定的价格转移给保理商,从而账款的收取由保理商来负责。由于所在地域的不同,保理有国内和国际之分。

(1)国内保理。

国内保理是发生商品买卖的双方企业都在国内,通过发生交易,卖方不能及时支付货款,从而形成了应收账款,买方由于资金的需要,将应收账款委托给保理公司,由保理公司进行货款的收取,当然,当应收账款的所有权转移到保理公司时,风险也随之转移了。保理业务的进行不仅对买方有一定的好处,使企业可以及时地得到资金,用于公司的生产经营,而且,银行开展保理业务,一方面,可以扩大企业的业务范围,增加业务量,占领更多的市场;另一方面,银行还可以利用保理业务增加企业的收入。国内保理业务流程如图2-13所示。

①买方与卖方达成购买协议,签订购销合同,买方开具应收账款票据给卖方;

②卖方将应收账款转让给银行或保理商;

③银行、卖方分别向买方发出应收账款转让通知;

[①] 郭晴:《供应链金融模式分类及风险管理研究》,天津大学硕士学位论文,2011年。

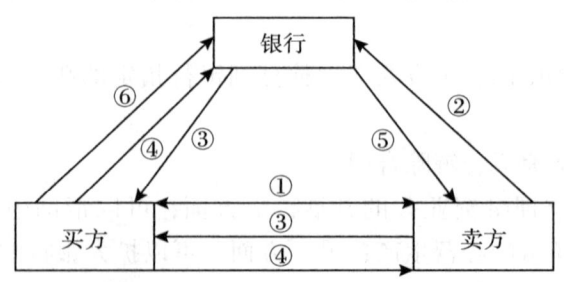

图 2-13 国内保理业务流程图

④买方分别向银行和卖方确认事实;
⑤银行贷款给卖方;
⑥买方行使还款责任,向银行偿付应收账款。
(2)国际保理。

国际保理的概念和国内保理基本一样,不同的是,买卖双方有可能不在同一个国家。其业务流程如图 2-14 所示:

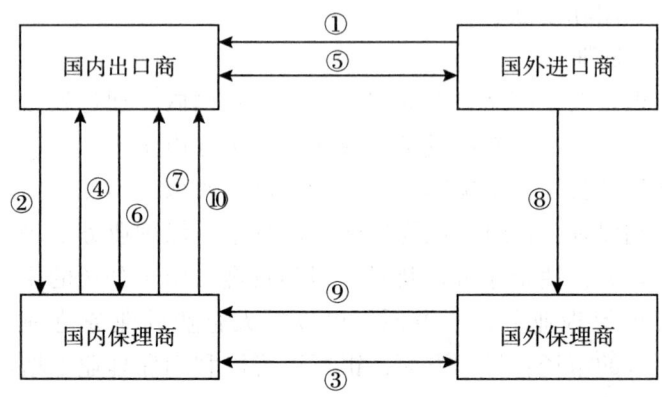

图 2-14 国际保理业务流程图

①国外进口商向国内出口商发出购买意向;
②国内出口商向国内保理商申请办理保理业务;
③国内保理商向国外保理商核定买方信用额度,并由国外保理商返回信用额度;
④国内保理商向国内出口商发送信用额度通知函;

⑤国内出口商与国外进口商签署买卖贸易合约,并向国外进口商发货;
⑥国内出口商将应收账款票据转让给国内保理商;
⑦国内保理商向国内出口商融资(一般是应收账款的80%~90%);
⑧国外进口商到期按单据向国外保理商支付货款;
⑨国外保理商向国内保理商划付汇款;
⑩国内保理商向国内出口商支付扣除相关费用后剩余款项。

四、供应链融资模式的对比

综合以上预付账款融资、动产质押融资和应收账款融资三种供应链金融模式的基本要素和运作流程的分析,可以看出这三种模式的特征分别如表2-2所示。

表2-2　　　　　　　　　　供应链金融不同模式比较

融资模式	种类	参与者	融资对象	担保物	融资用途
预付账款融资（保兑仓）	四方保兑仓模式	上游供应商、融资企业、银行、第三方物流企业	下游制造商、分销商	预购买的货物	分期付货款分批提货权
	"厂商银"三方保兑仓模式	上游供应商、融资企业、银行	下游制造商、分销商		
	替代采购模式	上游供应商、融资企业、第三方物流企业、银行	下游制造商、分销商	信用证	
动产质押融资（融通仓）	仓单质押	融资企业、第三方物流企业、金融机构	任何节点企业	标准仓单、一般仓单	质押资产获得流动资金
	存货质押(静/动态)	融资企业、第三方物流企业、金融机构	任何节点企业	生产原料、存货、商品等动产	

53

续表

融资模式	种类	参与者	融资对象	担保物	融资用途
应收账款融资模式	应收账款质押	卖方(融资企业)、买方、金融机构	上游供应商	应收账款	提前将应收账款变现，获得流动资金
	商业汇票贴现	卖方、买方、金融机构	上游供应商	应收票据	
	应收账款保理	卖方、买方、金融机构	上游供应商	应收账款	转让债权获得流动资金

从融资对象和参与方角度来看，动产质押融资不需要依靠核心企业，自己可以独自进行融资等业务，但是对于不动产来说，像预付账款和应收账款融资都牵扯到供应链中处于上下游的买卖企业，是典型的供应链金融模式。预付账款融资中企业通过把未来的提货权或者货物质押给银行，银行对质押物进行监察和管理，也即成了存货质押融资。

从融资的目的来看，利用存货、仓单等动产进行抵押，得到现金用于企业的运营，这是动产融资的实质。应收账款融资实际上是缩短了企业产品转化为现金的时间跨度。预付账款融资实质是依附于核心企业较高的资信水平，进而进行融资，从而获得现金，用于企业的正常运转，也解决了购买商的杠杆采购和供应商的批量销售问题。

第三章 供应链融资理论分析

第一节 供应链融资机理与主体关系分析

根据融资活动开展基础的差别，本书将供应链融资业务分为三大类，即以核心企业的连带责任为基础的供应链融资、以债权为主的供应链融资以及以货权为主的供应链融资。

前文提到供应链融资的参与方包括六个方面，此处为了更好地理解与分析，简化了整个供应链的管理过程，将参与供应链的主体主要分为三个方面：以商业银行为主的金融机构，链上企业以及第三方物流监管企业。

一、基于核心企业连带责任的供应链融资

所谓以核心企业的连带责任为基础指的是，在供应链融资过程中为无法偿贷的中小企业承担货物回购，以及偿还贷款的责任。常见的基于核心企业连带责任的供应链融资包括订单融资和货物担保。

(一) 运作机理

基于核心企业连带责任的供应链融资模式，如图 3-1 所示。

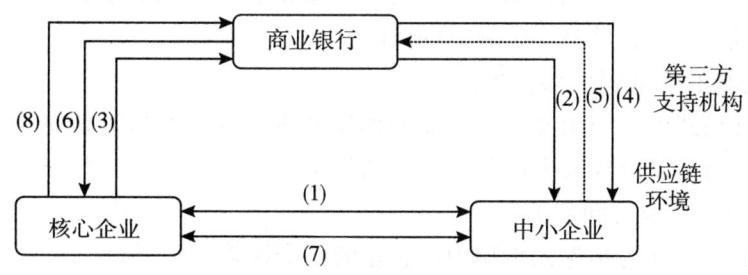

图 3-1 基于核心企业连带责任的供应链融资模式

【流程说明】

(1) 交易：中小企业与核心企业签订购销合同；

(2) 申请贷款：中小企业持购销合同或订单向银行提出融资申请；

(3) 签订协议：核心企业与银行签订连带责任合同；

(4) 审核并放贷：银行确认合同的真实有效性，确定授信额度，发放贷款；

(5) 偿贷失败：中小企业无法如约偿还贷款；

(6) 责任追溯：根据连带责任合同，银行向核心企业追索贷款；

(7) 责任生效；

(8) 偿还贷款：核心企业代替中小企业偿还贷款。

(二) 参与主体关系分析

1. 银行与链上企业关系分析

在供应链融资模式中，通常中小企业以与核心企业的买卖交易合同作为抵押在银行办理贷款业务，所以，在这种模式下，为了有效地控制风险的发生，银行要与核心企业签订连带责任合同，在还款期限到了的时候，如果借款企业由于经营不善或者其他原因，没有能力归还贷款，那么，按照法律的规定，核心企业就要承担一定的责任。核心企业可以用以下两种方式来承担连带责任：

(1) 核心企业承诺回购。

在办理质押业务之前，金融机构和核心企业就要达成一致，签订回购协议，规定贷款到期时，如果借款企业还不能归还贷款，核心企业就必须对剩余存货进行回购，借款企业得到的货款首先偿还银行的贷款。在这种方式下，银行办理这种模式的业务风险就得到了一定的控制，由于受市场宏观环境和客户需求的影响，质押物的价值很容易受到影响，剩余物由核心企业进行回购，就减小了银行的风险。

(2) 核心企业提供偿贷担保。

在此模式下，与上文核心企业的作用基本一样，在保证信贷的信用度和减小银行的贷款风险方面起到一定的作用。

2. 链上企业之间的关系

核心企业作为担保人承担中小企业的偿贷风险。

(1) 若中小企业由于管理不善，在企业正常运营方面出现问题，核心企业可能要求中小企业提供反担保。但是，中小企业通常都缺少融资担保，所以核心企业很难在中小企业的有效担保下尝到甜头，却为中小企业的违约风险承担起了责任。

(2)核心企业在整个回购环节的不同方面可能需要面对两种不容忽视的风险。第一，受市场环境的影响，当需求发生变化时，质押物大量积压，企业必须大量回购，这样就会占用很多流动资金，影响企业的生产经营活动。第二，由于商品普遍存在价值波动的风险，而抵押物也不例外，在进行回购时，商品的市场价格有可能会下降，在协议规定的价格之下时，势必会给核心企业带来一定的经济损失。

3. 银行与第三方物流监管企业的关系

当交易发生后，银行委托第三方物流公司，对质押物进行监察和管理。由于物流公司具有先进的储存设备和专业的操作人员，可以利用自身的资源优势，对质押物进行专业的保管，还包括及时了解市场的信息、动态监控货物的走向等工作，可以协助银行做好贷款风险的管理。

二、基于债权控制的供应链融资

基于债权控制的供应链融资是指，与核心企业达成合作的中小企业，将该笔交易合同项下的应收账款质押转让给银行，从而取得贷款的供应链融资模式。根据应收账款所有权是否发生转移，将此类融资模式分为应收账款融资和保理。

(一)运作机理

基于债权控制的供应链融资模式，如图3-2所示。

【流程说明】

(1)交易：核心企业向中小企业签订购货合同；

(2)发货：中小企业通过物流公司将交易项下货品发送至核心企业；

(3)发出应收账款单据：当核心企业收到货物并且审核无误后，如果不能还款，就要开出应收账款单据；

(4)质押单据：中小企业向银行质押或转让应收账款单据，提出贷款申请；

(5)付款承诺：银行审核单据的真实性和有效性，与核心企业确认无误后，获得付款承诺；

(6)支付信用贷款：银行对通过单据和资质审核的中小企业发放信用贷款；

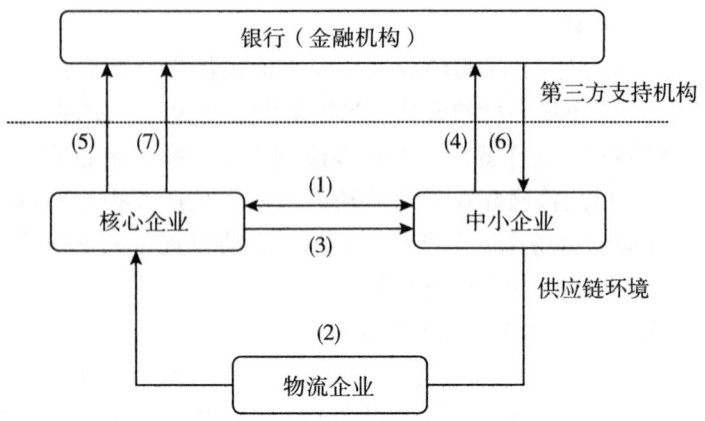

图 3-2 基于债权控制的供应链融资模式

(7)支付账款：核心企业收回销货款项后，偿还银行发放给中小企业的贷款。

(二)参与主体关系分析

1. 银行与链上企业关系分析

(1)在这种融资模式中，银行以链上企业的真实交易为基础，进行审批贷款，并且主要用应收账款归还贷款。银行等金融机构的贷款回收来源主要是核心企业即应收账款的债务人。

(2)作为债权人的中小企业可以选择将应收账款质押或转让给银行(或专业保理机构)来获取融资支持。方式的不同带来的是债权人的变更。应收账款的质押不发生债权转移，而应收账款的转让则将账权转移到银行。

(3)在此过程中，核心企业承担反担保的作用，一旦中小企业到期无法偿付贷款利息，银行有权向核心企业索要贷款损失。

2. 链上企业之间关系分析

(1)处于供应链上游的供应商企业一般规模比较小，市场影响力和占有率都不高，然而供应链上的核心企业利用自身的影响力和绝对的优势地位，和供应商进行交易时，就会采用赊销的方式，这样而言，中小企业不能及时得到货款，就会承担一定的资金压力还有相应的风险。

(2)在业务交易环节，在供应链融资模式下，用应收账款作为抵押进行贷款，就会把供应商和核心企业联系在一起，发生信用捆绑。

3. 链上企业与第三方物流监管机构的关系

物流监管机构为供应链上下游企业交易物提供以物流配送为核心的第三方物流服务，与此同时，第三方物流企业可以利用自身完备的信息系统和资源优势，为中小企业的贷款提供一定的担保。

三、基于货权控制的供应链融资

基于货权控制的供应链融资模式是指，有融资需求的中小企业以物流监管企业开出的存货凭证作为质押物向银行申请贷款的融资业务，主要包括标准仓单质押和普通货权质押。

（一）运作机理

基于货权控制的供应链融资模式，如图 3-3 所示。

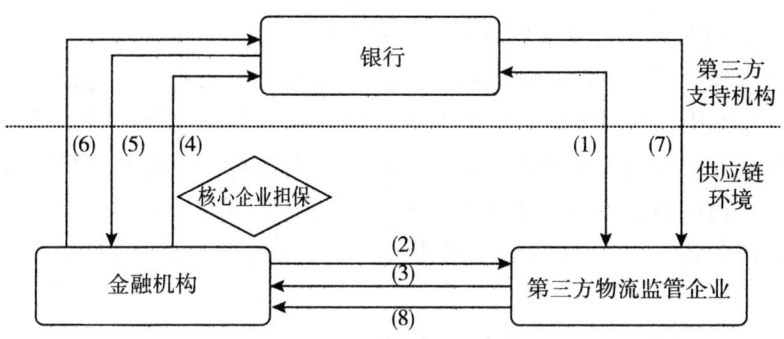

图 3-3 基于货权控制的供应链融资模式

【流程说明】

（1）达成协议：第三方物流监管企业与银行达成合作协议，辅助银行进行货品担保、评估、仓储；

（2）货品质押：中小企业把质押物运送到物流公司的仓储部门，由第三方物流公司进行监管；

（3）开具存货凭证：收到商品后，物流公司利用专业的视角由专业人员对质押物进行审核、验收并开具存货凭证；

（4）申请贷款：中小企业持有效存货凭证向银行申请融资款项；

（5）发放贷款：银行根据存货凭证核定贷款额度，发放贷款；

（6）缴纳保证金：中小企业向银行缴纳还款保证金；

（7）下达指令：银行向合作物流企业下达放货指令；

（8）放货：第三方物流监管企业根据指令逐批放货。

（二）参与主体关系分析

1. 银行与链上企业关系分析

在基于货权控制的供应链融资模式下，向中小企业办理贷款业务，商业银行主要采取以下两种方式：

（1）直接授信，就是银行直接参与，通过审核借款企业的存货凭证，确认无误后办理贷款业务，并且委派第三方物流公司对质押物进行监察和管理。

（2）间接授信，这种授信方式银行不直接参与，而是选择一些实力强大的，规模也比较大的物流企业，然后委托物流企业进行选择、评估、办理授信业务，当然物流企业的做法要符合银行的规定。

2. 银行与第三方物流监管企业关系分析

银行和第三方物流企业之间是一种双赢的合作关系，质押物要储存在指定的仓库中，并且实时进行监察和管理。第三方物流企业对货物的储存和管理具有明显的资源优势，所以，银行就委托物流公司监管质押物。这种方式，物流企业不仅扩大了业务量，增加了影响力，还可以增加收入。对于银行来说，专业的监管和提供及时可靠的信息，可以有效地降低风险。

3. 中小企业与第三方物流监管机构关系分析

第三方物流监管机构根据中小企业存入的商品开出融资凭证，并满足中小贷款企业物流需求。

第二节 供应链融资价值分析

在我国供应链融资实践中，相关参与者具备更好的竞争能力，收益也大大增加，即在这种供应链融资中均为受益者。而这些企业包括围绕供应链为主业的专业化大型企业，还有融资较为便利的上下游中小企业。

一、商业银行视角

现如今我国的金融行业正处于成长期，其中银行自身的监管制度、产业组织模式也在实践中进一步完善，相应的商业银行在这种环境下也存在着严峻的考验。为了完善机制,商业银行也在不断整顿产品、营销和风险控制等方面。而供应链融资业务的出现则是市场竞争环境下的产物,同时也符合当前的趋势。因此供应链融资模式对商业银行自身主要有以下价值:

(一)供应链融资开拓了银行重要的新利润增长点

在供应链的融资模式下,商业银行增加了新利润点,主要表现为,第一,银行的收入增加了。供应链融资作为一种新型的融资模式可以带动很多业务的发展,如网上电子银行支付、仓单质押、国内信用证等票单证业务,这些中间业务的出现,为银行的发展提供了更广阔的空间,银行的业务量加大,从而增加了盈利。第二,收入的渠道增多。供应链融资业务办理的模式是多元化的,如订单质押、应收账款融资等,而且参与融资的企业经营的项目也是多元化的,这就会给银行带来各种各样的业务模式,从而银行的收入渠道增加了。第三,为银行带来比较稳定而且成本比较低的存款。在办理中小企业进行应收账款作为质押进行融资时,按照银行的规定,借款企业要在银行开户用来存放买方应付的账款,这就给银行带来了稳定的存款,如果银行拓展的业务模式刚好满足企业的需求,买方将会在此银行进行业务办理。[1]

(二)供应链融资为银行不断进行金融创新提供了动力,同时为客户结构的调整、大客户的管理和巩固以及创造出更多的忠实客户提供了有利的平台

在传统的银行业务中,少数的大客户是银行争抢的对象,这样对银行来说,办理的业务相对单调,而且风险比较大。但是在供应链融资模式下,中小企业迅速发展,大量增多,为中小企业提供更快捷、更便利的业务模式,在一定程度上可以拓展银行的业务范围和业务量。此外,这种融资模式,把链条上的企业作为一个整体来考虑,对银行来说,减小了只能依靠大客户的风险,同时也降低了吸引更多客户的成本。[2]

---

[1] 彭娟:《我国商业银行供应链金融研究》,首都经济贸易大学硕士学位论文,2011年。

[2] 孙文聪:《面向供应链金融的主导型供应链收益共享模型设计》,天津大学硕士学位论文,2010年。

(三)供应链融资有助中小型商业银行实现差异化经营

在金融行业的发展中,也存在着越来越激烈的竞争,近年来,银行业迅速发展,一些中小银行想要挤入这个市场中和一些具有资源优势、市场竞争优势的大型银行一起争夺市场,需要付出很大的代价。低成本战略几乎是不可能取胜的,因为大型银行的资金雄厚,经营成本和稳定客户的成本都会低于中小企业。所以,要想在竞争中生存,必须实行差异化战略,不断地进行金融创新,设计出满足市场需求的业务模式,形成自己的核心竞争力。供应链融资模式可以为中小银行提供业务办理的新方向,促进差异化战略的形成。

(四)供应链融资有利于降低金融机构与中小企业的信息不对称程度

第一,供应链融资模式是以真实的贸易为基础来进行业务办理的,处于供应链上的中小企业进行融资时,一般要以核心企业的资信状况、经营水平和影响力等为担保,核心企业作为三流交汇处,为银行了解中小企业的经营状况带来了很大的便利;第二,在供应链融资模式中,银行一般委托第三方物流公司进行货物的监察和管理以及跟踪货物的走向,第三方物流公司具有强大的信息系统和专业的操作人员能为物资的库存水平、运输状况等有一个很好的了解,从而降低了银行由于信息不对称而产生的风险。

(五)供应链融资有助于降低商业银行的不良资产比例

在供应链融资模式中,银行办理业务的基础是真实的买卖交易,这种模式在一定程度上可以避免一些虚假情况的发生,从而减少了不良资产的出现。另外,专业的监管机构,能够对货物的状态进行准确的了解,利用第三方物流的资源优势和信息系统对货物进行有效管理,从而也避免了风险的发生,即使发生风险,也可以果断地采取措施来使破坏降到最低。

二、核心企业视角

在供应链管理的整个过程中,各个环节的一些问题对于核心企业来说都在所难免:例如由于信息传递不及时,导致信息不对称,那么核心企业的库存水平就没有办法来控制,为了经营的需要,要存储大量的货物,这就会导致流动资金被占用。还有在采购环节,对供应商的资信状况不了解，可能出现信用危机，形成风险。类似的问题还可能出现在销售的环节，可能下游企业由于经营不善或者市场环境变化，导致产品滞销，这也会给核心企业的经营带来问题。而上述这些问题，供应链融资则可以有效地避免，使得核心企业迅速适应市场的激烈竞争。

(一) 供应链融资能促使核心企业形成固定的销售渠道

供应链融资模式下，供应链上的各个企业之间形成稳定的合作关系，在这种模式下，核心企业可以利用自身的资源优势，借助中小企业的供货和销售渠道，形成稳定的销售关系网，同时，这种模式下可以缓解资金的限制，增加企业的灵活性，长期以后，互相稳定的合作，可以降低核心企业的运营成本，中小企业也能在这种模式中获得好处，实现良性的循环，增加供应链企业的核心竞争优势。

(二) 供应链融资有利于提高核心企业的经济效益

在供应商融资模式下，中小企业获得了贷款，缓解了资金的压力，可以使生产经营顺利进行下去，还可以利用采购杠杆降低采购成本，总成本降低后，进而核心企业购买货物的成本也会降低，从而为核心企业增加盈利。而且中小企业资金压力消失了，就有利于形成正常的生产状态，稳定的供货渠道也会提高核心企业的销售利益。

三、中小企业视角

改革开放以来，中小企业发展迅猛，中小企业的迅速发展，为国家带来了新的经济发展面貌。但是，由于中小企业起步晚、发展慢，公司的规模比较小，市场影响力和占有率都比较低，固定资产也比较少，因此，银行信贷评级时往往将其归入较低级别，为了预防风险的发生，银行一般不愿意给中小企业办理贷款业务。资金压力常常会使中小企业无法正常运转，严重制约着企业的发展。

供应链融资模式就是适应市场的需求而衍生出来的，可以缓解中小企业的资金压力，好处主要有以下一些方面：

(一) 中小企业的信用风险得到重新审视

在传统的信贷模式下，银行办理融资业务时，一般都是以固定资产作为抵押，如果A公司申请贷款，就单一地对A公司的经营状况、管理水平、信用等级等一些因素进行仔细的审核和考察，这种情况下，贷款的条件就相对来说要求得比较严格。我们都知道，大部分中小企业起步晚、发展慢，有很少的固定资产，同时公司的规模也比较小，市场影响力和占有率都比较低，信用水平也不高，这样在传统的方式下，这些企业很难得到银行的贷款，即使得到了贷款，也会增加贷款的成本，同时对银行来说，也面临着巨大的风险。但是，在供应链融资模式下，银行授信的主体评价不只是单一的企业，而是供应链的稳定性和核心企业的经营状况，买卖双方之间的交易也是很重要的考察对象，这样而言，中小企业的融资就会变得简单得多了，久而久之，这种情况下，中小企业的信用状况也会得到很大的改观。

（二）中小企业的信用担保范围变广，融资渠道增加，降低融资成本

供应链融资模式下，以真实的贸易为背景进行供应链融资，把核心企业的信用和中小企业的信用联系在一起，从单一的对中小企业的信用审核转化为对核心企业，甚至对整个供应链进行信用审核，这样就会在一定程度上降低中小企业的信用风险。另外，银行可以根据企业经营的情况办理融资服务，不再仅仅只关注静态的财务信息，这样有利于中小企业的核心价值更容易被发现，长期的合作能够使中小企业的信用水平迅速提升，不仅增加了融资渠道，也为以后的贷款作了铺垫。在传统的信贷模式中，办理贷款业务程序比较繁琐，因为风险较大，需要借助信用机构进行审核、批准，这样复杂的程序会增加中小企业的融资成本。但是在供应链融资模式下，银行会通过评估，选取大型的物流企业（第三方企业的规模和影响力一般比较大，信用等级较高）进行授信，这样既可以降低银行方面的风险，也简化了中小企业融资的程序，降低了办理业务的成本。

（三）可以为供应链带来价值增值

金融行业的发展，促进了金融创新。银行在企业的运营中发挥着很大的作用，为了满足市场的需求，迎合客户的需要，金融机构不断开拓新的业务。中小企业得到银行的贷款，缓解了资金压力，使企业得到更好的运营，同时也为整个供应链带来了价值增值，提高了供应链的稳定性。在供应链的价值增值中，核心企业在此过程中也能得到很大的好处，资金的流动速度增大了，资金周转率提高了，能够在很大程度上提高企业的核心竞争力。

四、物流企业视角

(一) 带动了物流行业的发展,增加了利润来源

在我国,一些传统的物流公司,开展的业务一般只是简单的运输、包装、配送、流通加工、储存等,但是在供应链金融模式下,物流公司通过与金融机构、借款企业合作,扩大了本身的业务范围,可以获得更大的利益。物流公司通过供应链金融业务,在整个供应链节点上进行控制,利用自身的资源优势,形成了自己的核心竞争力,同时逐渐扩大的业务量和差异化的竞争优势成为物流企业的主要利润来源。

(二) 有利于物流公司形成新的竞争优势

第三方物流公司具有专业的仓储环境,高级的储存设备,还有专业的操作人员,以及强大的信息系统等资源优势,能够隐性带来更多的便利服务。这些就使得企业和银行双方的信息透明度进一步得到提高,降低了银行和企业之间的信息不对称等问题。物流公司在拓展业务的同时,可以有效地和银行进行合作,长此以往,就可以借助银行的优势,增加自己的客户量,扩大业务范围,增加收入,从而为公司的可持续发展提供新的动力。

五、供应链视角

(一) 在供应链融资模式下,促进了供应链的价值增长

供应链融资模式给供应链上的企业带来了很大的好处,调查表明,采用供应链融资模式不仅提高了企业办事的效率,订单的处理还有发票的打印等,这些办事效率都得到了历史性的提高,而且还为企业带来了低成本的融资服务。核心企业和中小企业的运营状况和经营规模都有了很大的改观,这种融资模式,促进了信息的充分流动,达成信息共享,其他诸如物流、资金的流动都更为顺畅。这种模式对促进我国供应链的发展具有很大的意义。

(二) 推动我国的经济发展和产业升级

最近几年以来,物流公司迅速增多,导致物流行业的竞争越来越激

烈。同时经济的发展，产业的竞争也导致供应链的发展面临很大的压力。但是在供应链融资模式下，中小企业的资金压力得到了缓解，经营状况得到了改善，资金的快速周转可以扩大中小企业的规模，增加业务的范围。同时信息的充分流通，使核心企业的库存水平有所降低，从而节约了公司经营成本。这种综合性的融资方式，可以为整个供应链的发展带来新的契机，有利于形成竞争优势，使整个产业得到发展。除此之外，银行在办理融资业务时，和第三方物流公司合作，可以有效地控制风险的发生。银行和物流公司通过建立长期的合作关系，可以使供应链更加稳固，促进整个产业链的发展。

　　同时，在供应链融资模式下，链条上的各个企业之间的联系更加紧密，长期的沟通和合作能促进整条链更加稳固的发展。高附加值产品和终端产品一般是利润的主要来源，核心企业可以在供应链融资模式中促进产品的升级，作为一个整体，核心企业的发展可以带动中小企业的发展，从而促进整个产业的升级。

第四章　国内外供应链融资的发展与实践

第一节　国外供应链融资的发展与实践

一、国外供应链融资的发展

供应链融资的发展经历了漫长的时期，存货质押是物流发展的基础，也是供应链融资形成的前提。在我们的生活中，时时刻刻都在发生物的空间和时间的转移，物的流动促进了物流行业的发展，同时为了适应市场的需求，供应链融资模式也广受欢迎。我们了解到，西方供应链融资的发展随着存货质押的推进和发展，以美国和英国为典型的代表，发展可以划分为三个时期，具体特点如表4-1所示：

表4-1　供应链融资的发展历程及各个时期的特点

时期	融资模式	物流企业的主要任务	质押物状态	主要特点和意义
19世纪中前期	单一的存货质押	有限的仓储服务	静态质押（货物进入仓库时，进行冻结，不得进行更换和使用，直到还款结束后，才可以提取货物）	物流企业可以有限地参与到融资当中，带动了仓储行业的发展。银行是主要的监管部门，能力有限。这个时期，在一定程度上促进了供应链融资的发展，但是由于不灵活，对企业发展的促进作用不明显

续表

时期	融资模式	物流企业的主要任务	质押物状态	主要特点和意义
19世纪50年代到20世纪70年代	存货质押、应收账款、存货质押和应收账款相结合	存储质押物并对质押物进行监察和管理	动态质押（在保证质押物价值不低于之前总量的情况下，可以提供、更换和使用质押物）	这一时期，得到了法律的支持，物流业的发展比较迅速，质押物品种的范围得到了扩大，融资对象也没涉及制造业和一些流通性企业。但是，物流流转的速度还比较慢，因此物流业办理业务的效率还比较低，供应链上企业的信息、流通之间衔接还不是很紧密，供应链融资业务还只是集中在单个企业
20世纪80年代以后	存货质押、订单、应收账款、预付账款以及以上模式相结合	储存保管货物、简单的流通加工、对质押物进行监察和管理、跟踪货物状况、信息搜集及反馈	动态质押	这一时期的供应链融资越来越体现出整体性、以客户为中心、混合式经营的特征。物流企业和金融机构以及供应链上的各个企业之间建立合作关系，互利共赢，多种融资方式相结合，增加了贷款业务的灵活性，而且风险也得到了有效的控制。以物流的流通为主要对象，进而提供资金的跟进，这种理念也导致物流行业发展的速度在一定程度上影响了金融业的配置速度

二、国外供应链融资的实践

(一) 银行的实践

随着全球化和产业分工的不断发展,产品的生产和分销环节在核心企业中不再是主营业务,而是转移至供应链上的其他成员企业中。而产品的及时供应,则需要核心企业的供应商自己保证有足够的库存量。同时,核心企业也希望把成品更多的积压给下游分销商,以便消费者需求可以迅速得到满足。一般来说,核心企业的供应商和分销商规模比较小,大量的库存积压使得企业资金流紧张,从而给它们带来了资金的压力。为了解决这些企业所面临的资金问题,国外银行进行了积极的探索,不断地进行金融创新,开拓出能够促进中小企业发展的业务模式。

早在十年前,摩根大通银行作为目前为止世界上最大的现金管理商,就为了满足市场的需求和更好地服务于供应商和经销商等一些中小企业,率先收购了一家物流公司Vastera,紧接着又成立自己的物流团队,摩根大通银行的这一业务拓展真正实现了实体物流公司和金融行业的融合。对现金有效地管理,还有不断地开展贸易融资业务,这是银行最重要的两项基本业务,而且这两项业务是相互融合在一起的①。Vastera作为一个有影响力的物流公司,目的是要为企业提供更综合、更便捷的服务,为货物的进出口提供适合的运输条件并且解决运输途中的一系列问题。摩根大通银行能自动获取全面的金融贸易数据,在进行供应链交易的过程中,这样就为公司及时地更好地了解交易信息提供了可能,一方面在一定程度上可以有效控制银行的风险,另一方面能更准确地把握市场的走向,不断进行金融创新。当然主要的支付交易包括货款收付、运费、险费及关税的支付等。Vastera利用运输单据制作和管理的自动化这一固有的流程和技术强有力地支持了"实体货物"的跨境流动。这种先进的设备和技术的应用,对货物进行实时监控,充分地了解信息,可以不断地拓展适合供应链发展的业务模式。以前不少公司的并购主要是集中在同行业之间,像这种跨行业的并购实现了银行和实体公司之间的有效合作,打破了厂商和物流公司以及银行互不关联的局面(业务流程和运行系统之间)。摩根大通银行通过整合不同的平台来实现各个行业的互补和增强创造的合力,在国际供应链融资

---

① 转引自黄海宁:《国际贸易融资业务的创新趋势》,载《新金融》2006年第11期。

领域获得重大突破。为了简化整个融资过程和有利于集中更多的资源强化和发展贸易融资业务中的核心部分，贸易融资的后台操作环节被不少银行外包。如荷兰银行与英国巴克莱银行签订了特殊协议，该协议规定荷兰银行处理英国巴克莱银行的贸易服务操作业务，而英国银行则保留了与客户联络、客户数据分析及客户关系管理等重要功能，这样有利于公司集中精力办理自己的核心业务，有利于形成自己的核心竞争力，同时也有利于风险的规避。

(二) 核心企业的实践

随着社会分工的不断发展，一些企业从事供应链中的核心业务，渐渐发展成具有一定规模以及对市场有影响能力的企业，这些企业使得其他企业认为加入这条供应链是有利可图的，这样就使供应链得以不断发展和延伸。这些企业在供应链中的地位也进一步得到巩固，进而成为核心企业。供应链中，生产企业为核心企业的情况最为普遍，因为长久以来，经济发展都是处在以生产为主导的背景下，商务界和学术界一直非常关注生产领域，这就使得生产企业往往拥有良好的管理基础、精湛的核心技术，这就为生产企业形成较大的规模、拥有更充足的资本奠定了基础。随着卖方市场向买方市场的转变，一些专注于最终客户需求的企业的竞争力和影响力也加大了，在这种情况下，销售公司也就成为供应链上的核心企业。此时这些经销商为了巩固自己在供应链上作为核心企业的优势地位，以及形成自己的竞争优势，就必须加强和上下游企业之间的紧密联系，形成长期的合作关系和稳定的销售渠道。目前，为了形成自己的竞争优势，一些核心企业开始致力于核心业务的开发和研究等方面，加强与供应链上下游企业的合作，把一些生产、流通加工等业务外包给其他的生产企业和第三方物流公司，这样核心企业就可以集中发展自己擅长和盈利的业务。这种外包的方式，一方面可以减少资金的占用，另一方面可以和上下游企业之间形成紧密的合作关系，这样就能提高整个供应链的稳定性。核心企业认识到了这一点，不少核心企业慢慢开始与供应链中的上下游企业形成紧密的关系，同时帮助中小企业的发展，为其提供经营管理、流动资金还有技术方面的支持，帮助中小企业不断扩大规模，提高市场影响力，逐渐形成竞争优势。

在企业的发展过程中，为了维持企业的顺利经营，有时对经销商来说不得不储存一定的货物来应对市场环境的变化，但是存货又会占用大量的流动资金，使企业的资金紧张，资金的占用就会导致企业不能扩大规模或者拓展业务，但是存货质押融资正好解决了这一难题，企业可以把存货作为质押物，进行贷款。当货物卖出的时候，再归还银行的贷款，这样就有效地缓解了资金的压力。例如通用电气公司（GE），就是一个很好地利用存货来缓解资金的案例。公司为了平衡存货成本，建立了贸易分销服务（GE Trade Distribution Service）。也就是，通过建立完善的信息管理系统来实时跟踪货物的走向，当 GE 公司从经销商那里购买商品的时候，交易完成也就拥有了商品的所有权，此时 GE 公司就要对购买的商品进行实时的跟踪了解，无论商品是在运输途中还是已经到达仓库完成了验收入库，都要进行监察和管理。之后，当购买者有货物需求的时候，供应商会和购买者发生买卖交易，货物就会被提供给购买者。当然，这其中所有有关的协议和合同都是根据实际情况、市场状况，通过仔细审核和推敲才确定的，这种方式可以使 GE 公司对存货有很好的控制，可以有效地缓解库存带来的资金压力。①

(三) 物流企业的实践

企业越来越关注服务提供商的服务是否更加便利，而物流业也成为近几年兴起的服务行业。随着越来越多的物流企业进入这一领域，市场竞争日趋激烈，卡车运输、货代和一般物流服务的平均利润只有2%左右。有些物流企业看中了金融增值业务，并将其作为主要的利润增长点。目前，物流企业开展业务的范围逐渐变大，传统的运输、存储、配送、包装和流通加工，已经不能满足市场的需求，一些销售型企业更需要物流企业的业务范围能拓展到预付款、代收款等金融服务，另一方面，物流企业在为这些企业提供服务时，将这些企业的货物作为担保，物流企业也就有可能开展金融增值业务。

UPS 作为一家投递服务机构，成立于 1907 年，但是在成立之初，就受到社会环境的影响（金融机构等其他行业的不断发展创新），开始为了适应发展的潮流而不断进行变革。开展供应链融资，是 UPS 公司变革很关键的一个尝试，在这种尝试中，UPS 有自己独特的优势。作为一家传统的物流公司来开展供应链融资服务，是一个很重要的突破。从投递包裹到开展综

---

① 转引自彭海昕：《关于我国供应链上金融服务现状与问题的探究》，暨南大学硕士学位论文，2007 年。

合性的全方位多方面的贸易业务，对公司来说是一个本质的转型。业务范围扩大了，从最初最基本的货物的运输、分拣、配送到现在的开展全球服务，涉猎金融领域，为公司开展供应链融资业务的推进奠定了基础。经过不断的发展创新，UPS公司形成了自己的四大核心业务公司，即包裹快递公司、物流公司、资本公司和零售业。其中，到目前为止，资本公司主要负责供应链融资的业务，为供应链融资提供服务，主要为解决交易的流动性等相关方面的问题提供了新思路。在供应链融资中，由于贸易的流动性特征，会导致很多风险问题的存在，UPS提供了一些方案，例如C.O.D自动、C.O.D.增强、UPS保险等措施来应对流动性可能带来的风险问题，除此之外，UPS通过提供一些增值服务和垫资服务来降低流动性增强等方面风险的发生。加强公司现金流、国际贸易、小额商业信贷和管理贸易风险是UPS公司目前主要的业务职能区域。通过不断的发展，公司的主要业务发生转变，核心业务是提供国际金融方面的业务。自从UPS开展供应链融资业务后，公司的发展越来越好，一些业务模式和解决方案越来越能适应市场的发展，一些系统的融资模式为解决供应链融资方面的问题提供了完善的解决思路和模型。UPS公司发展供应链融资业务以来，给公司的发展带来了强大的动力，促进了公司多样性和多元化的发展。首先使公司的产业结构发生了改变，业务结构得到了优化；另外公司的业务范围和业务量得到了大幅度增加，从而扩大了公司的规模，增加了市场影响力，并且这种增长趋势预计在未来几年内仍将保持；最终也促进了供应链业务的发展，为供应链融资的推进提供了平台。真正实现了"三流"的有效整合和快速高效流通，为公司的可持续发展提供了原动力。[1]

（四）第三方公司的实践

物流企业通过并购银行来拓展自己的供应链融资业务，银行也通过收购物流企业的方式，将物流与自己的金融业务相融合，为供应链融资的开展提供基础。物流与金融的结合，对物流业和银行业来说都是一大发展趋势。国外有些非银行也不是物流企业的第三方管理公司也在关注着供应链融资这块"蛋糕"。第三方物流公司利用自身的资源优势，先进的储存保管设备，专业的操作人员和强大的信息系统融入到供应链融资模式中，可以

---

[1] 转引自苗维胜：《产业资本主导下的供应链金融实施研究——以UPS发展供应链金融为例》，载《中国外资》2011年第7期。

进一步地扩大业务范围，增加业务量，从而增加收入，提供企业的核心竞争力。富基标商就是其中的一个例子。

富基标商作为一家管理系统的供应商，花费长达一年半的时间来进行研究，不断地开发创新，最终设计出一种主要针对零售业的供应链融资系统平台，这种业务模式为零售业的融资提供了便利，能够帮助企业以较为简单的程序获得贷款，从而缓解资金的压力。与其他行业一样，零售业中也存在供应商与零售商之间资金流转不畅引起的矛盾。一方面，供应商需要缩短贷款回收期限，为其设计、再生产提供资金支持；另一方面，零售商则希望把资金留在企业更长的时间，以支持销售、加快扩张。当双方都不让步时，供应链中处于强势的一方便占有优势，弱势的往往是一些中小企业，它们不仅难以从银行获得贷款，而且备受强势企业的挤压。如果资金不能及时回笼，这些企业在采购、设计、生产、供货方面都将严重受限。从长远来看，这也会影响到强势企业的发展。供应不足会导致其销售规模难以扩张，在同行业竞争中也必然处于劣势地位。因此必须协调供应链与零售商之间的资金矛盾，促进零售业顺畅发展。

富基标商的供应链融资平台就是为加快零售企业和供应商流动资金的周转速度、解决中小型零售企业融资难的问题而开发的。银行可以通过这个平台充分掌握零供双方的交易情况，充分了解企业的交易信息在一定程度上可以减少风险的发生等情况。之后，银行根据卖方企业的应收账款的情况，仔细核实，确认无误后，将一定数量的贷款支付给供应商。但是在还款的时候，零售商不再将货款直接支付给供应商，而是按照银行规定的方式打到银行指定的账户。供应商提前得到了货款，可以用来扩大生产经营，这也促使它们向零售商提供更多质优价廉的商品，而零售商也能把资金留在企业一段时间，双方都从中获益匪浅。以富基标商公司技术平台为基础的零售供应链融资服务，解决了零售行业中中小企业融资困难的问题。为吸引优质供应商向消费者提供更优质的产品和服务，在这样的平台下零售商往往会以最短的账期和较高效的结算速度进行操作，提升了零售商的市场竞争力，也获得了资金支持更多业务的扩展。而供应商可以提前得到一定比例的融资，实现了资金的加速运转。零售供应链融资平台成为扶持零售商与供应商发展、维护零售行业市场秩序、促进零售商与供应商关系融洽的重要举措。物流企业、银行、中小企业处于供应链融资中的主体地位，供应链融资的复杂性也需要第三方管理公司的介入，包括信息平台提供方、货物价值核定公司、监管方等。在这一领域，第三方管理公司将大有作为。

(五) 政府的实践

供应链融资业务是资产支持型的信贷业务，因此，在国家法律和相关制度中对于可用于担保的资产的界定以及优先权规则，会直接影响到供应链融资业务的开展。完善的动产担保制度应该界定宽泛的可担保资产范围、简便清晰的担保登记公示制度以及明确全面的优先权规则，也就有利于动产担保物权的有效实现。

目前动产担保制度最为完善的国家就数美国了，其不动产质押只占了小企业融资的 30%，大部分进行的都是动产质押，其动产担保制度主要有以下特点[①]：

在统一的商法典中，美国并没有严格说明债权和物权的不同，美国法对担保权采取务实的态度，着眼于现代市场经济变化，即传统现货交易方式逐渐演化为以信用交易为主的交易方式，授信者为创造信用或降低授信风险，确保其债权，客观上要求设定各种优先受偿的制度安排。所以，法律规范建立的基础是，在保全物权的前提下对担保物的优先求偿权是担保权的实质，这种说法同时包括了用动产作为抵押等各种担保形式。对于担保权到底是物权还是债权这件事，美国有关部门并不关心，更在意的是担保权人也就是债权人债权的顺利实现。

美国的担保体系中界定了较为宽泛的可担保动产的范围。所有的"物"都是"财产"，但是有关动产财产，主要有以下几种：货物、投资资产、准无体动产、无体动产。类似于一些消费品、库存产品、机械设备等都属于货物，货物本身的价值可以随着货物的流动而转移。投资财产主要包括一些证券和期货商品账户等。准无体动产主要有物权凭证、债权证书、票据、信用证权利等几种。还有一些像应收账款、侵权赔偿权以及储蓄账款都属于无体动产的范畴，还有专利权、商标权、版权等知识产权。上述四类动产财产都可以作为担保物。

美国建立的有关动产的公示方式和登记制度都是比较规范和完善的，这样有关动产担保的风险就会比较低，便利性很高，在美国，有关法律中明确规定，对于担保权的效力只有经过有关部门的公示后，才会比其他债权人更加优越。公示的方式也是受限制的，有明确规定，主要有以下四种方式：①通过登记。也就是说对于无体动产，担保权人不能私自的据为己

[①] 周明峰：《中美动产担保法律制度比较研究》，载《商业时代》2006 年第 16 期。

有或者是自己独自支配,必须在规定的场所进行登记。②通过控制。对于具有无体权利特点的动产,这类动产通常是利用对载体的控制来实现动产担保,如将证券等进行公示从而保证担保权。③通过占有或交付。这种方式主要是对具有流动性质的金钱和票据等来说的。④设定即公示。对于在法律中明确规定的担保权在设定的时候就同时具有了公示的效果。同时美国还建立了统一的等级制度以决定债权人的优先次序,以便节省潜在债权人的信息搜寻成本,维护交易安全,并根据登记的先后顺序解决债权的冲突问题。动产担保权到底是属于物权还是债权的范畴,在美国的法律中并没有过多的追究,债权的有关优先受偿权才是值得重视的,同时对于财产担保作出了详细的规定和说明,这样才能使供应链融资业务顺利地发展下去,为企业提供更多的融资便利和法律保障。

第二节 国内供应链融资的发展与实践

一、国内供应链融资的发展

20世纪70年代以后,企业的分工模式发生了巨大的变化,不再局限于企业内部传统产供销模式,而是形成了企业之间的专业分工模式。在新型的生产模式中,不仅供应链上的核心企业是受益者,同时,一些中小企业也能在这种模式中获得一定的收益,它们之间的相互分工与合作会带来更多的机会和更大的市场影响力和占有力,彼此的业务量会增大①。然而,专业分工模式的形成也会带来自身的一些弊端,对于生产企业来说,需要大量的资金才能保证公司的正常运转,资金的紧缺是一个非常棘手的问题,同时,这种模式下交易成本也会增加,交易过程比较繁琐、复杂,费用发生在各个环节。但是对于核心企业来说,在供应链中,由于其自身的资源优势和市场规模优势,在整个发展模式中处于更加有利的地位,这样使周边的同属链条上的中小企业发展受限,中小企业的经营生产成本就会不断增加,处于相对劣势的地位。对于处于供应链末端的企业,所受到的核心企业的排挤就会更加严重,然而我国大部分企业都处于供应链的末端。对于信贷银行来说,在传统的融资业务中,贷款给中小企业的风险相对来说比较大,因为他们的企业规模比较小,可以用来抵押的固定资产比

---

① 曾小燕:《我国供应链金融发展研究》,载《当代经济》2012年第1期。

较少，所以对于这些高风险客户来说，要想得到贷款就相对来说比较困难，同时贷款的成本也会非常大。但是，对于整条链条上企业来说都具有一定的依附关系，上游企业为核心企业提供原材料，核心企业的产品又需要下游企业进行销售，这样只有整个供应链上的企业都顺利的运转经营，才能促进整个链条上的企业更加稳固的向前发展。经过链条传递的双向信息，能为核心企业的决策提供更多的支撑，企业对市场的敏感性和适应性以及快速的反应都需要上下游企业的支持，但是对于上下游企业来说，解决资金的压力才能使企业更好地运转经营下去，为了使供应链上的企业都能很好地发展，提高企业的核心竞争力就需要所有企业的配合，也就出现了供应链融资这种新型的模式。

根据目前的信息了解，我国供应链融资业务最早出现在20世纪20年代的上海，又经过半个世纪的时间，随着经济的发展，社会需求的多样化，金融业不断地发展，为了适应社会的需要，要不断进行金融创新来满足人们的需求。近几年以来，供应链融资业务，在各个银行中得到广泛的推行，不断进行金融创新，才能满足社会的持续需求，才能使银行业得到可持续发展，面对我国中小企业融资难的现状，以供应链上核心企业作为主体，为中小企业办理融资贷款业务是社会经济可持续发展的趋势。这种模式下，中小企业在进行融资时，对银行业来说面对的风险也相对减少了很多，对中小企业来说，也为公司的有效顺利运营提供了资金的支持和保障，有利于扩大企业规模，形成规模经济。到现在为止，我国进行的供应链融资的业务模式还比较少，预付类、库存类和应收类这三大类是主要的融资模式。这三类的主要适用类型、典型模式和实例，如表4-2所示：

表4-2　　　　　　　　　　　三种融资模式比较

模式	适用类型	典型模式	典型案例
预付类	采购方面资金紧缺	保税仓、订单融资	中石油、中石化为核心，为中小企业质押融资
库存类	生产环节库存占用资金	融通仓、仓单融资、存货质押	江铃汽车 四川省射洪县超强肉类食品公司
应收类	销售环节赊销占用资金	应收账款融资	海尔公司 华为公司

我国的物流金融和国外的发展状况对比,主要有以下三个特点:

(1)发展速度较快,发展不平衡。我国在经济发展上呈现出不均衡的状态,沿海发展较快,经济水平高于内地,同样的,我国在物流金融发展过程中,呈现跨越式的发展,发展速度是西方国家的20倍,优先发展沿海地区,导致出现不平衡的局面,内地的发展较慢,和沿海地区有很大的差距,最终形成多级局势共存,发展很不平衡,同时也影响了贫富差距。但是,总的来说,我国的物流发展水平还比较落后,和一些发达国家还存在很大的差距,还需经历很长一段时间的发展历程。

(2)混合式经营受到限制。受到我国目前国情的影响,根据我国自身的发展特点,三方共同合作经营的模式(也即是银行、借款人、仓储公司)在我国的物流金融业务中是最主要的经营模式,还不能进行混业经营。

(3)现货交易为主。因为我国现在进行的业务一般是现货进行流转、买卖,现货交易在一定程度上也决定了物流金融业务开展的范围和重心。

二、国内供应链融资的实践

国内供应链融资的实践主要从不同性质的金融机构也就是银行角度展开分析,由于金融机构的资本机构的不同,导致了不同的实践过程,主要从股份制银行、国有银行、进入中国的外资银行三个方面进行分析:

(一)股份制银行的实践

供应链融资业务已经在国外大规模展开,并且已经成为支持中小企业融资的重要手段,但是在国内,供应链融资业务的开展还仅限于几家国有和股份制的商业银行,业务范围并不广泛。深圳发展银行首先作为领头羊,开始涉及物流金融方面的业务,拓展供应链融资业务以便更好满足客户的需求。首先,深圳发展银行借鉴有关中小银行的货物抵押和商业票据等方面的业务办理模式和经验教训,之后有关"自偿型贸易融资"的模式和"1+N"供应链融资的想法就应运而生了,最终供应链融资的业务模式就形成了。从此之后,一些规模较大,效益较好的股份制银行和一些国有银行也开始涉猎供应链融资业务,进而进行金融创新。[①]

---

① 辛兵海、方俊芝:《深圳发展银行供应链金融业务对邮政储蓄银行的启示》,载《邮政研究》2013年第1期。

在国内的金融市场上，深圳发展银行作为领头羊，最先提出开展供应链融资业务，并且力求发展得更好。深圳发展银行的发展过程如表 4-3 所示：

表 4-3　　　　　　　　深圳发展银行的业务发展进程

时间	开展业务模式	主要特点
2003 年	"1+N" 模式	利用产业集群的特点，以核心企业的信用为担保，开展批发性的整体化的营销模式，力求为企业提供一整套的解决方案和发展模式
2005 年	业务模式开始转型，对象为中小企业、发展中的企业，为贸易提供融资需求 不断创新金融业务	把有关供应链融资服务的体系进行一体化、统筹化、实践化，列入银行的发展规划当中，着实为供应链上中小企业的发展着想
2006 年	建立保理中心，加入保理协会，推进一系列的"池融资"品牌业务，另外还建立双向的有关贸易的融资通道，开发"1 对 1"融资业务，集中化操作平台	这一系列业务模式可以增加金融业务办理的效率，增加专业人员的专业化操作要求，可以有效地降低业务办理带来的风险，拓展了市场规模，增加了市场影响力和业务量，进而有利于银行实现可持续发展的战略

深圳发展银行为适应市场的需求，不断地进行金融创新，不断地拓展新的业务，这对中国相关供应链融资的发展是一个巨大的影响，促进了金融业的发展，有一个质的飞跃，同时，专业的团队和操作人员、设备、理念，为金融业的快速发展提供了保障。

除此之外，其他一些银行也开展了供应链融资业务。各个银行的发展历程及业务特点如表 4-4 所示。

(二)国有银行的实践

在 2006 年年底的时候，我国的国有银行就试图开展供应链融资项目，与国外其他银行进行合作，中国银行和苏格兰银行的合作推动了供应链融资的国际化进程，双方银行共同商讨了有关供应链融资的发展前景和市场需求的状况，对一些细节问题进行了研讨。供应链融资模式是一种新型的

表 4-4　　　　　　　　　各个银行的发展历程及业务特点

银行名称	供应链融资业务开展时间	主要推行的业务模式及理念	发展特点和宗旨
广东发展银行	2003 年	"民营100",重点推进民营业务的发展,利用商品质押,将银行的资金和企业的物流结合在一起,为客户提供更好的一站式服务(融资、结算在内)	质押商品的选择非常谨慎,需要满足一定的要求(流通性强、价格波动较小、市场需求较大、持续需求),业务目标是通过银行、物流公司、企业的合作来实现三方共赢的战略,突破地域、资金流的限制,使信息充分流动,有效地降低企业运营的成本,实现共赢
华夏银行	2007 年	推进"融资共赢"的七条融资链的经营模式(这七条链中,主要涉及的业务范围包括未来货权的、有关货物质押融资的,还有货权质押方面的,同时还包括应收账款,此外,国外的一些业务也融合在内,像一些海外代付、全球保付和国际票证的质押融资业务)	华夏银行推出的有关这种融资业务的链条模式,在一定程度上促进了国内金融业融资的发展,在供应链融资中产生了空前的反响,这种业务模式,为企业的发展额提供了更为便利的条件和更大的保障,为企业的运转提供了更为广泛的资金支持,也增加了金融市场的业务量
兴业银行	2008 年	推出的包括18个单项产品的"金芝麻"系列的服务业务。从企业的采购、生产和销售三个过程入手,逐步地解决中小企业融资难的问题	采购方面,可以办理利用动产等其他一些八项产品进行质押融资,这种方式可以有效缓解中小企业资金紧缺的问题,同时也可以降低采购的成本,有利于扩大企业的规模;销售方面,可以利用应收账款、票据贴现等业务来实现资金的变现,使资金更快速地回笼,利于资金的流动;生产环节,更便捷地利用厂房设备等固定资产进行融资,使生产线得以持续运转

融资模式，和以往的融资方式不同，供应链融资主要借助于在链条上的核心企业的市场影响力和经营资信等级，对链条上其他中小企业提供融资贷款，解决中小企业资金难的问题。当然选择贷款的中小企业也必须满足一定的要求，经营状况比较好，有稳定的销售渠道和还款的能力，这样可以在一定程度上减少银行贷款的风险。2003年，工商银行的一些分行开始探索仓单和存货质押融资业务，积累了一些经验。但由于缺乏总行政策支持、操作规范性差、物流监管的有效控制力弱、产品体系的连续性和适用性不强，从整体上业务发展滞后。工商银行首先与沃尔玛公司合作，到了2006年的时候，又与一些大型的、有资历的物流企业开展合作，签订合作协议，借助这些大型的物流公司对质押物进行监察和管理。静态质押、滚动质押和火圈质押这三种业务模式被开拓出来为企业融资提供服务。质押商品包括钢铁、有色金属、棉花、化工原料、油品、骑车等，其中占较大比例的是钢材、铜、铝等。[1]

(三) 外资银行的实践

外资银行较早涉足该业务领域，外资银行的经营理念比较先进，更加适合市场的需求，具有专业化的操作人员和发达的机械设备，但是由于国内对其实施政策限制，外资银行在国内的发展速度还比较慢。渐渐地，随着中国的对外开放理念的形成和外汇的流入，外资银行在国内的供应链融资领域才慢慢地得以发展。[2]

一些国际上具有影响力和规模较大的银行，例如富通银行、荷兰银行，把发展的重心集中在一些大型商品的进出口融资上面。中外运作为大型的物流企业，在技术和人员方面都具有很大的优势，能更大地利用自身的资源优势进行货物的运输、储存。因此，2006年巴黎银行与中外运进行合作，签订合作协议，开展大型商品的进出口融资业务。除此之外，渣打银行主要针对的业务模式是为中小企业提供融资服务，其形成的5CS原则[3]，在一定程度上具有测试和评估企业的经营状况、资信能力和还贷水

---

[1] 杨晏忠：《论商业银行供应链金融的风险防范》，载《金融论坛》2007年第10期。

[2] 仲成春、陈立芸、张莎莎等：《以物流撬棍扩张中小企业融资瓶颈》，载《天津经济》2010年第2期。

[3] 渣打银行建立的对中小企业的贷款融资审批原则，包括抵押品、借款人和主要股东的品行、还款能力、信用度、企业的现金流五方面。

平的作用，这种评估原则，在某种水平上，可以有效地进行业务评估，从而降低了银行融资的风险。其开展的融资模式还具有一定的灵活性，可以适用于不同的业务领域，反应迅速，适应能力强，而且快捷。在快捷贸易通融资模式中要求提出申请的企业必须与渣打银行既有的企业客户保持长期、稳定的供货或销售关系，而且企业本身也是整个供应链上的一环。

第二编　基于核心企业连带责任的供应链融资

第五章　面向供应商的订单融资

第一节　面向供应商的订单融资概述

一、订单融资的基本概念及特性

订单融资主要是指一些企业在资金短缺的情况下，利用订单作为抵押，进行短期的贷款，从而来缓解资金的压力，用于企业的正常运转和加快现金的流动。当然进行订单融资的企业，要有一定的信用等级，信用良好，同时企业的经营状况稳定，并且有稳定的销售渠道，具备一定的还贷能力。用订单作为抵押，得到银行的贷款后，可以进行原材料的采购，生产线的正常运行。对于中小企业来说，进行订单融资更易满足需求，订单融资的市场潜力比较大，主要有两方面的原因：第一，中小企业的生产经营一般都是根据需求量的多少来进行生产的，这种根据需求来组织生产的经营方式，可以有效地降低库存的水平，从而节约了资金，降低了成本，有利于资金的流动和充分利用。第二，根据订单进行生产，这样对企业来说，面对的风险就比较小，不会出现由于市场需求的变化，而积压大量货物的情况，当然，这种模式下，也有利于银行贷款的支付，从而也降低了银行方面的风险。

（一）订单融资的特征

一般来说，以销售的产品作为质押对象的订单融资业务，为中小企业的发展提供了资金的支持，这种融资方式具有一定的市场潜力和发展前景，在一定程度上可以为企业创造更大的效益。这种模式相对来说，比较简单，手续方便，增加了便利性，银行通过对中小企业的经营规模和状况进行考察，对资信等级进行评价，然后再授权，提供的贷款专门用于专项产品的生产。这种融资模式下的贷款有以下几个

特点:

一是封闭性。这种模式下的融资获得的贷款只能用于生产专项产品,这种封闭性的特征可以有效地降低银行信贷的风险,同时这种短期融资也便于风险的控制。

二是复杂性。这种模式有关风险方面的控制重心发生了转变,传统的银行进行融资业务,主是对借款人进行直接的风险控制,然而这种模式,是对整个资金流和物流的控制,相对比较繁琐。这种模式下,对银行来说,进行监察和管理要花费很多的精力和成本,此时就需要与更专业的物流公司进行合作。

三是灵活性。这种融资模式的时间跨度一般比较短,效率比较高,对于借款还是还贷,都比较便利,资金的流动性大,可以有效地循环使用。为中小企业的顺利运营提供了保证,有利于中小企业扩大经营规模,增加盈利水平,增强竞争力。

(二)订单融资的优点

进行订单融资模式下的中小企业,可以更快地缓解资金的压力,同时,订单融资的门槛相对来说比较低,只要企业的资信状况比较好,有固定的销售渠道和良好的经营状况,在资金紧张的时候,就可以申请贷款。

(1)能够为企业的经营提供资金支持,有利于企业扩大经营规模,同时也有利于企业增加业务量,扩大市场占有率;

(2)贷款得到的资金可以用于原材料的采购等生产经营活动,企业自有的资金可以用来开展其他的业务,这样加大了业务范围,也提高了资金的利用率,能更好地为企业创造效益;

(3)担保方式比较简单,没有繁琐的手续,同时具有灵活性和便利性;

(4)贷款得到的资金还可以弥补自有资金缺口;

(5)进行订单融资,中小企业可以在生产之前得到资金,不用自己垫资,为生产提供了支撑。

二、供应链融资中面向供应商的订单融资

面向供应商的订单融资模式主要运用在产品的制造阶段,当核心企业向供应商下订单后,供应商可以拿着订单签订的相关合同向银行申请贷款,然后银行对企业的经营状况、资信水平进行调查和审核,确认合同无误后,为企业提供贷款,当生产企业交货给核心企业,完成订单后,并用核心企业支付的货款归还银行的贷款。

这种融资模式主要有供应商、核心企业、银行三者的参与。

银行主要是订单融资服务业务的金融产品提供者，银行不但为企业的经营提供资金，开展业务，满足市场需求，还可以增加企业的收入，同时会对供应链上各方参与主体进行信用评定。银行的融资业务开展基于各融资企业的信用等级评价，授信额度直接与信用等级挂钩，因此有效地收集、监控各方参与主体的运营能力和财务状况是银行开展业务的前提和基础。

供应商作为融资企业，是订单融资业务服务的受理方。在与核心企业有交易的事实的基础上，供应商有资金需求，需要向银行申请融资请求，以便顺利地进行生产，以确保整条供应链有效的运转。

核心企业的市场影响力一般比较大，具有很高的信用等级，企业的规模也比较大，占领着大量的市场，是供应链上的支柱型企业。供应商的订单融资需要核心企业的良好信用作为前提，需要与核心企业有事实交易作为基础。因为整个订单融资业务的开展涉及整条供应链的利益，所以对于供应商的企业实力，核心企业仍需要作出评价，以确保融资业务的顺利开展。

第二节　面向供应商的订单融资具体操作流程

面向供应商的订单供应链融资模式，如图 5-1 所示：

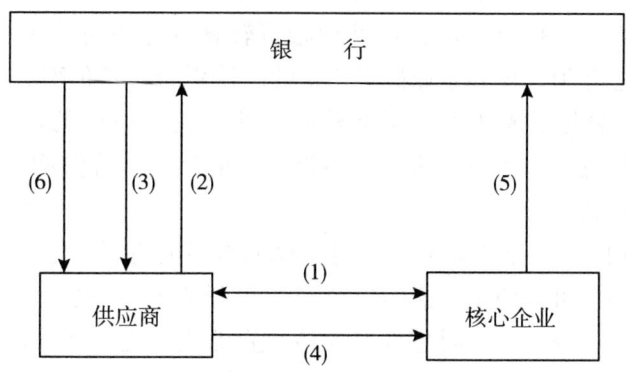

图 5-1　面向供应商的订单供应链融资模式

【流程说明】：

(1) 交易，生成订单：核心企业决定购买货物，和供应商签订合同，发出订货需求；

(2) 申请贷款：供应商凭借和核心企业签订的合同和核心企业发出的订单需求，到银行贷款；

(3) 发放贷款：银行首先要审核供应商和核心企业的资信状况，经营能力，并核实合同，等一切无误后，确定授信额度，供应商和银行签订质押合同和贷款还款合同，并且在银行设立专门的账户，用来到期归还贷款；

(4) 交货：融资企业取得贷款后，购买原材料组织生产，在规定的期限内将货物送达核心企业；

(5) 偿还贷款：当订单完成后，供应商把货物交到核心企业，确认签收后，然后支付货款，把货款支付到供应商在银行开立的账户，用来归还银行的贷款；

(6) 注销贷款合同：银行收回贷款后，注销其与融资企业签订的贷款合同。

第三节 面向供应商的订单融资价值分析

对于担保的核心企业而言，主要有以下几个方面的价值：

(1) 核心企业可以间接地实现低成本甚至是零花费来进行融资。订单融资模式表面是一种为中小企业提供信贷资金，用于订单的生产经营，其实是为了核心企业提供产品，这种把融资转移到上下游的中小企业身上，在一定程度上有利于核心企业的资产优化，降低资产负债率。

(2) 订单融资模式还可以帮助核心企业获得供应链的价值增值部分，获得更多的利息，加快资金流动，销售资金的回笼，价值增值的部分可以使核心企业获利。

(3) 增加核心企业的业务量。订单融资模式通过为上游的供应商企业提供资金支持，可以使供应商的生产经营顺利地进行下去，增加原材料的采购，扩大生产规模，同时也可以为核心企业提供更好的产品，从而增大核心企业的销售量。

(4) 采用订单融资模式，可以把供应链上所有的企业联系在一起，增加了上下游企业的联系和沟通，使整个链条更稳固地发展。

对于融资的供应商而言，作为融资企业，由于自身规模、业务状况等限制对资金有需求，但自身拥有较好的交易信用，因此可以与有规模、有声誉、有市场掌控能力的核心企业的交易事实作为基础，向银行进行融资申请，获得企业生产和采购的资金，以确保交易的顺利进行。而且，订单融资比较简单，可以及时有效地解决供应商的资金需求，降低融资成本。

对于贷款的银行而言，这种订单融资模式，转变了融资的对象，以前银行针对的只是单一企业，现在这种模式下，银行面对着整个供应链的上下游企业，从而就降低了银行的风险，从只对单个企业的信用考察转变成对整个供应链的信用审核，从而在一定程度上可以降低银行的风险，另一方面也扩大了银行的业务范围，增加了银行的竞争力。

第四节 面向供应商的订单融资管理要求

面向供应商的订单融资模式，整个过程也就是供应商进行融资，直到归还银行的贷款为止。在供应商和核心企业之间进行资金和货物的流转，主要包括采购、生产及货款交付三个环节。所以，进行风险管理，只需要在这三个过程中严密把关和监控，就可以有效地降低融资业务的风险。[1]

(一) 采购环节

供应商通过订单融资，获得银行的贷款，然后用于企业的生产经营，这笔货款只能用于企业专门商品的原材料的采购、生产和加工，不能用于企业的其他生产活动。在这个环节中，银行要对资金的流向有准确的把握，防止资金用于其他地方，所以银行必须请专门的监管公司进行监管，或者规定企业把贷款的资金放在专门的账户里面，对资金进行专项的管理。这样在一定程度上可以预防风险的发生。但是，供应商一旦运用贷款采购原材料时，贷款转化为有形资产，其所有权就归企业所有，这种情况下就不利于银行的监管，形成监管漏洞。因此，银行可以把订单融资转换为货物质押融资，这种多种方式的混合使用，可以使银行有权力对原材料和产品继续进行监管，这种融资方式，银行就握有监管的主动权，对风险有一定的控制。

---

[1] 赵建、霍佳震：《不依赖于核心企业的订单融资模式研究》，载《昆明理工大学学报》(社会科学版)2009年第12期。

（二）生产环节

企业按照订单的要求，在生产线生产出符合要求的产品，这就是生产的过程。这个过程发生的质押模式的转变主要是，从原材料的静态质押融资，随着生产转变成滚动质押融资，这种模式的转变，导致银行监管的重心也发生了转换，银行委托专业的物流公司对物品进行监管，通过滚动质押融资，物流企业可以同时实现对生产企业的产成品、半成品、成品有效的检查和管理，进行全程的跟踪检测，这样就预防了风险的发生。

（三）交付环节

根据订单的要求，生产企业把生产的产品按照合约规定交付给核心企业，并且用拿到的货款归还银行的贷款。在这个过程中，在银行得到还款之前，也要对此过程进行监管，防止风险的发生。有的核心企业会直接支付货款，银行拿到还款后，这个业务过程就算是完成了，但是有的下游企业不会直接支付货款，采用拖欠、赊销的方式，把货款转化为应收账款，此时，银行之前的把订单融资转化为存货质押融资，又变成了应收账款融资或者是应收账款转让融资这两种形式，后者又称为保理业务，此时，由银行进行货款的收回，把收款的权力又转嫁到银行的身上，这时银行就承担了应收账款的风险；但是前者是借款企业应收款质押在银行，相当于又转化成了应收账款融资。还有一种情况是融资的主体发生转变，由卖方转换成买方，用买方质押融资得到的货款用来归还银行的贷款。在一些实际发生中，银行更倾向于买方可以慢慢地逐步还款或者是到期回购货物，这种情况一方面可以增加质押物的流动性，另一方面还能降低银行的风险。

第五节 面向供应商的订单融资中银行风险的控制

一、面向供应商的订单融资中银行风险的起因

（一）信用风险

银行对供应商的贷款申请批准是建立在对核心企业的信用评价基础之上的，因此面向供应商的订单融资的业务开展，首先面临的就是信用风

险，信用体系建立的前提和基础是各个参与方的相互信任，但是面对我国目前的形式，银行还不能有效地建立起信用体系，不能准确地对供应链上一些企业进行信用评价，由于审核、评估的漏洞，就容易造成信贷风险的发生；另一方面，中小企业可以利用财务造假，隐瞒企业的经营状况和经营能力，这样也会对银行的评估产生很大的影响，最终成为银行融资的风险。

(二) 法律风险

在面向供应商订单融资业务中，银行面对的不仅只有供应商，而是整个供应链上的上下游企业，货物在链条上的流动会造成所有权的转移，这样就有可能出现争夺所有权的状况发生，容易引起法律纠纷；除此之外，目前我国的法律制度还不是特别完善，在很多方面没有作出明确的规定，会给一些不法分子制造钻空子的机会，因此各方参与主体的权利与义务如果在业务开展前没有明确的法律文本，很容易造成纠纷。

(三) 运营风险

运营风险在订单融资中也是不容忽视的，供应商从采购原材料到进行产品生产，再到为核心企业供货，这整个交易流程中也伴有风险的发生。

(四) 抵押物的监管风险

质押物的监管风险大小受物流监管公司的影响，监管的力度和缜密程度直接影响风险的大小。物流企业的主要任务是对质押物进行监管，确保质押物的完好无损，并对货权的转移起到监管作用。如果监管不善，将会造成物权与债权的分离，导致无法追溯货权的风险，给贷款银行带来运营风险。

二、面向供应商的订单融资中银行风险的控制

(一) 事前控制——融资业务开展前风险防范

银行在开展订单融资业务时，应该尽量完善法律文本，明确各方参与主体的权利与义务。在进行订单融资质押物办理之前，银行应该对供应商和核心企业进行信用考察，指定专业的人员进行严格的考评，挖掘更多的相关企业的信息，并且用专业能力辨别信息的真伪，防止上当受骗，导致风险的发生，此外银行也要运用专业的评价系统进行供应商信用评价，然后根据信用等级，确定授信额度，进行准确的把握，同时也要注意对优质的融资企业进行合理的判断，不要将其拒之门外。

(二)事中控制——融资业务开展过程中风险控制

充分识别和评估订单融资业务开展过程中发生的风险，对出现的风险采用紧急措施进行控制，帮助中小企业进行融资业务，促进中小企业的发展，真正地改善中小企业资金紧缺而又融资困难的局面。银行对订单融资业务开展过程中的风险控制，主要是确保供应商获得的贷款资金主要用于原材料的采购和生产，而不是挪作他用。对于生产、采购中的供应商，银行需要对其运营状况进行及时跟踪和评价，以确保及时发现风险及时解决。此外，还需要对质押货物进行监管，以确保质押物的完好无损。

(三)事后控制——融资业务开展后的风险控制

银行应该加强对中小企业的贷款之后的监管，贷款业务发生后，银行也要密切关注融资企业的经营状况，了解贷款的去向，对购买原材料进行生产加工的过程和交易的过程密切监视，防止资金的外流等。对企业的经营水平、销售渠道密切地关注，可以把握企业的还贷能力，一旦发现企业的管理经营不善，有可能不能到期偿还贷款，那么银行就要及时采取相应的措施进行控制，防止风险的进一步发生。

第六节　面向供应商的订单融资相关案例分析

一、面向供应商的订单融资案例

××铁路客运专线有限责任公司主要负责的是建设和管理有关大同到西安这一段的客运专线，这条专线始于山西境内的大同市，从北向南，跨过山西省的7个市区，而且途经山西的省会——太原，最后由山西和陕西的边界——永济，进入陕西省渭南市，这条铁路横跨黄河，流经临潼，最终到达西安，全长超过800千米。用电力作为牵引力，保证机车的正常行驶。工程需要资金超过九百亿元人民币。××客运专线是国家《中长期铁路网规划》的重大项目。

××铁路客运专线有限责任公司通过招标方式确定工程物资供应单

第六节　面向供应商的订单融资相关案例分析

位,物资供应企业中标后,同买方(施工方)签订合同,在按照合同交货点验合格后,由××铁路客运专线有限责任公司支付货款,账期两至三个月。

因此一方面中标企业需要向上游生产商预付货款形成预付账款,另一方面向××铁路客运专线有限责任公司供应货物后形成应收账款,企业的资金压力较大,有向银行融资的需求。

方案设计

经过对该项目的运作模式的认真分析,某行认为,××铁路项目是国家《中长期铁路网规划》的重大项目、资金实力雄厚,物资供应企业经过招标流程严格审核,资金及商品较易管理,风险基本可控,中标企业可以通过××铁路的订单来获取该行融资。

具体业务操作中,注重以下几点:

(1)银行通过订单融资向中标企业发放的贷款必须由该行支付其上游供应商,用来采购原材料。

(2)中标企业的回款必须回至××铁路客运专线有限责任公司在该行开立的回款专用账户。

二、案例分析

对融资企业——供应商(中标企业)来说,解决了资金占压的问题,扩大了业务规模,确保了交易的顺利进行,供应链的有效运作。

对核心企业——××铁路客运专线有限责任公司来说,由于银行对中标企业进行融资支持,可以确保中标企业保质保量按时供应建设物资,在一定程度上保证了工程进度。

对银行来说,通过产品打市场,为该行打开了新的市场,一方面能为该行带来新的客户群体,另一方面通过产品运作带来存款和中间业务收入。

第六章　面向经销商的担保融资

第一节　面向经销商的担保融资概述

一、担保融资的基本概念和内涵

担保融资是融资业务中的一种，是根据市场的需求而出现的，商业信用、金融信用的需要有一个中介作为担保来进行贷款融资，所以这种业务方式具有中介的性质。中介机构以第三方担保人的身份在银行和借款人之间进行协调，当然，它也必须履行一定的义务，要用自己的专业技能对借款人进行专业的信用评估，然后决定是否为其作担保，向银行申请贷款。当然，银行也要对中介机构的正规性和信用水平进行准确判断，才能决定是否贷款给融资企业。

二、担保融资的形式类型

(一) 物的担保

以物品作为担保的形式，其实也就是以物品作为抵押物进行融资，物品主要包括无形资产和有形资产，像一些厂房、土地、房产，还有一些机械设备、生产的产品、公司的专利等都可以作为质押物来进行融资，获得资金用于企业的经营。但是，如果贷款到期时，借款人不能全部如期地归还贷款，这时银行将有权力进行变卖、处置质押物，用来归还贷款。以下两种形式是属于物的担保：

1. 抵押(Mortgage)

以物作为抵押，此时在还款期限内物的所有权就发生了转变，变为银行所有，但是，当借款人到期还款时，物的所有权又回到借款人身上。

2. 担保

这种形式的融资，不会发生所有权的转移，物的所有权还在借款人身上，这只是在借款人和银行之间达成的一种担保协议。

(二) 人的担保

以人作为担保进行贷款，这是一种法律认可的规定，当借款人到期不能归还贷款时，担保人就要承担一定的法律责任，按照合约的规定，来履行担保人的义务。担保人可以是以下几种人：

(1) 担保人可以是一个项目的投资人，通过专门的项目公司进行融资。

(2) 与项目投资者有直接利益关系的其他人也可以作为担保人。

(3) 还有一种是专门从事担保行业的人。这种人以担保作为自己的经营手段，从中获得利益，但是这种担保人在收取费用获得利益的同时，也必须承担一定的风险。这个类型的担保人一般是指一些金融机构，包括商业银行、投资公司在内。

三、供应链融资中面对经销商的担保融资

担保融资是凭借自身的信用等级或者市场影响力来为借款人作担保，使借款人能够利用贷款缓解资金的压力。在供应链中，我们都知道，核心企业一般具有很大的市场影响力，公司的规模比较大，经营状况较好，有雄厚的资金水平。因此供应链融资中，主要是通过核心企业提供自身的资信证明，为融资企业向金融机构(银行)获取贷款资格。面对经销商的担保融资主要运用于商品的购销阶段，这种融资方式是以核心企业的应付账款作为抵押，核心企业和下游经销商签订购销合同，核心企业签订对销售货物的回购担保，为下游经销商获得贷款，但是这种贷款要指定用于专门的货物的采购、生产。以经销商对核心企业购销合同、销售订单等各类凭证、库存产品等固定资产作为质押物，向金融机构(银行)申请期限不超过应收产品销售收入的短期贷款。银行通过核心企业的信息反馈、审核和确定后，授信审批才可以通过，然后银行与供应链融资的参与主体签订相应的协议，之后向企业提供融资、结算服务等一体化的综合业务服务，如图6-1 所示。

面向经销商的担保融资业务中，主要的参与者有：经销商、核心企业、银行以及物流企业。

(一) 经销商

经销商是银行提供融资服务的对象，它作为一个供应链的下游，为供

第六章 面向经销商的担保融资

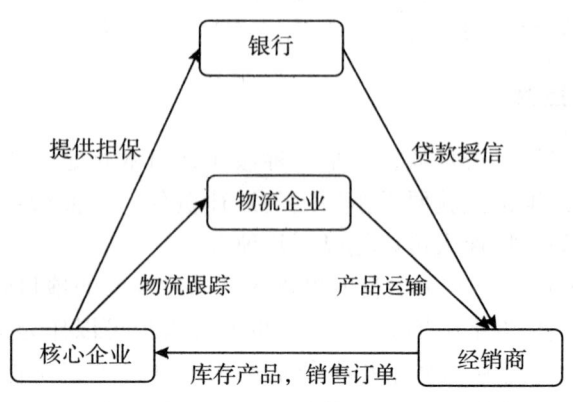

图 6-1 面向经销商的担保融资模式

应链中的核心企业提供销售的渠道,并且与核心企业有稳定的交易关系;通过抵押库存产品、订单合同给银行,依托核心企业的信用向银行获取贷款。

(二) 核心企业

核心企业在整个融资中,主要是作为一个连带责任而起着反担保的作用,一旦融资企业生产经营出现重大失误或者战略性决策出现问题时,将会替经销商负担起赔偿银行损失的责任;核心企业作为整个供应链的龙头老大,必然是经销商信贷的信用担保者,它也是银行判定销售合同真实与否,与银行进行信息传递的最重要的传递者。供应链融资首先应该整体考察整个供应链的生产经营情况,综合考察整条链的信息流、资金流与物流,而产品物流的信息直接反映了合同的真实性。因为银行需要去实地核查所考察企业的生产经营情况,并且以此来确定给予所要信贷的企业的授信对象、授信品种与授信额度。而这些信息的反馈就是以银行主要相信的核心企业为信任对象,反馈者就是资金雄厚的、信用良好的核心企业。

(三) 银行

银行是资金的提供者,因此在融资过程中,银行要重点考察贸易的真实性、核心企业的还款能力或担保能力、物流企业的监督保管能力等。虽然供应链融资可以淡化银行对授信企业的财务分析与经营情况的实地调查,以及适当降低贷款的准入条件,但是银行更加关注的是供应链上下游企业之间贸易发生的真实性,以此来判断授信企业的偿债能力,而这种真实性的反馈和证实则需要通过经销商的交易对手——核心企业,因为核心企业一般是比较大或者在整个供应链中起着主导作用的企业,它们一般和银行的合作比较密切,有着稳定的业务关系,由于核心企业资信实力较强,因而能够在一定程度上保证贷款的还款来源。

(四)物流企业

物流企业在供应链融资中主要是作为第三者出现的,它主要是架起了连接银行与融资企业之间沟通的桥梁。物流企业在供应链融资中主要负责产品的运输、对质押物进行保管、对质押物进行价值评估,并且要对质押物进行全方位的监控。物流企业独立于任何利益的一方,要求具备相关营业执照,专业从事仓储业务,且管理经验丰富,管理规范,经济实力较强。同时物流企业作为第三者独立看管质押物可以有效地降低银行的风险。这就要求物流企业的仓库要有一定的满足条件:可以保证质押物品的完全安全、所在地方比较便利以利于银行能够实时监控,愿意签订有效的合同文书并且有强烈的意愿看守好质押物品。

第二节 面向经销商的担保融资具体操作流程

如图 6-2 所示,为面向经销商的担保融资流程:

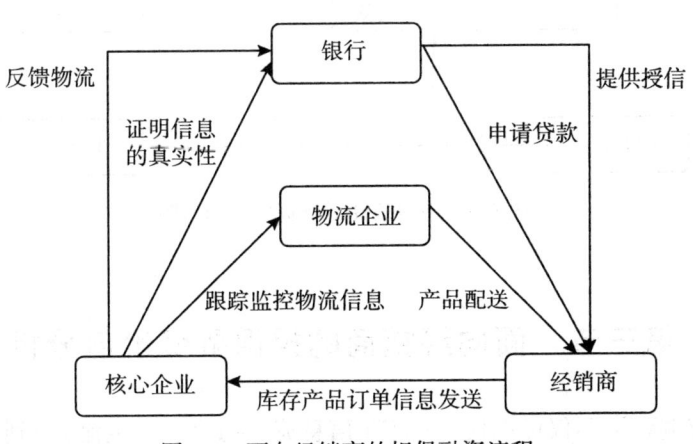

图 6-2 面向经销商的担保融资流程

(1) 经销商向核心企业提出贷款保证的请求,并发送产品库存信息和订单等凭证,将库存产品交予核心企业管理;

(2) 经销商将库存产品、订单形成的应收账款作为质押物,向银行提出贷款申请;

(3) 核心企业向银行提供担保,在评估、鉴别合同的真实性后向银行提供证明;

(4) 经销商通过物流企业对产品进行配送;

(5) 核心企业通过物流企业对产品实施跟踪监控;

(6) 核心企业向银行反映经销商的产品物流真实情况;

(7) 银行进行信息的审核和反馈,根据实际情况对借款企业授予一定的额度。

当还款到期时,借款企业不能归还贷款或者是在中途借款企业单方面违约,这时银行有权要求核心企业承担一定的连带责任,核心企业则通过对质押物的变卖和订单形成的应收账款进行债权转让来获取还款资金,进行还款,其具体流程如图6-3所示:

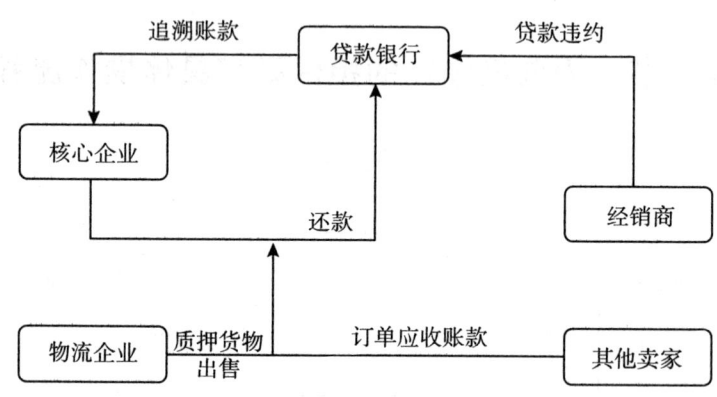

图6-3 违约条件下融资模式的对策

第三节 面向经销商的担保融资价值分析

供应链融资不仅可以使"三流"(信息流、物流、资金流)得到高效的运转和流通,同时信息的流通和充分共享可以有效地降低库存的成本和敏锐地把握市场的动态。银行、中小企业还有核心企业和物流公司作为供应链融资的四大合作伙伴,都可以在供应链融资中得到好处,进而增强供应链的稳定性和竞争力,使供应链做大做强。

对经销商来说可以大大降低经销商的融资成本,用很低的利息贷到款,有效地缓解了资金的压力,借助核心企业的信用为自己进行融资,可以使企业的经营顺利地进行下去,或者遗留出自己本身的多余现金进行其他业务的拓展,为企业创造出更多的利益。

对核心企业来说,提升整体供应链的综合竞争力是首要的任务,因为自己供应链的发展壮大可以不断提升自己的影响力,不仅仅是在供应链中,更多的是在同业竞争中,因此帮助供应链中的任何一个企业渡过难关都是它义不容辞的责任。帮助经销商解决危机,也是为自己销售商品提供了更加稳定的渠道,直接就给自己带来了经济收益。核心企业在整个供应链中处于领头的优势地位,核心企业雄厚的资金水平,强大的市场占有力和影响力有利于带动整个供应链上企业的发展,其一,帮助上下游的中小企业进行融资贷款,可以使弱势企业获得正常生产运营的机会,增强整条链的实力水平;另一方面,上下游企业通过供应链融资,可以和银行建立起合作关系,这种长时期的合作关系,可以改变上下游核心企业的地位,以后再进行融资时,就会节省一些成本,从而可以提高供应链的稳定性和竞争力。另外,供应链金融不同于传统的融资方式,这种融资的背景是贸易往来,有利于提高企业的信用水平。这种模式下,银行开展供应链融资业务,不仅有利于核心企业,对中小企业的发展也是一种促进作用。

对银行来说,供应链融资能够给银行带来相对风险较低的赢利模式。传统经营模式中,存贷利差是银行的主要利润来源,由于我国的中小企业迅速发展,数量越来越多,有广泛的分布范围,但是资金紧缺现象不能得到有效的缓解,所以,对于银行业来说,有很大的市场潜力针对中小企业。银行拓展"供应链金融"这个业务,在进行信用审核时不仅仅局限于单一的借款企业的固定资产以及财务状况,更多考察的是,整条供应链的盈利水平、经营模式。这就改变了传统的过分依赖单一大客户的不利形势,银行可以分散信贷投放,从而就分散了风险,而且还能促进中小企业的发展,增加自身的市场占有率,提高了竞争优势。

对物流企业来说,带来的好处也是多方面的。首先,物流公司通过与银行合作,深度参与供应链融资,可以获取一笔可观的利润,也可以说为其创造了新的利润增长空间。其次,现代物流业发展迅速,各个大小物流公司、快递公司层出不穷,不断在蚕食着本来就不大的市场,因此开辟市场也是现在代物流企业发展的重要途径之一，而物流企业通过参与供应链融资，也开辟了一个新的市场。再者，在供应链融资服务中，物流企业也已经不仅仅是简单的仓储与配送，更多的是对物流管理这个名词有了更深一步的认识，已从对物的处理提升到对物的附加值方案管理，使物流企业在客户心中的认识有了改观，在客户心中的地位也有大幅度提高，为物流企业赢得了更多的客户。

第四节 面向经销商的担保融资的管理要求

一、有效合同的签订及实行

在面向经销商的担保融资过程中，涉及融资企业——经销商，担保企业——核心企业，贷款机构——银行，质押物监管企业——物流企业四方的利益，因此，确保整个融资业务的顺利完成，首先是要各方签订各自的两两合约，明确各自的责权。比如融资企业经销商必须要和银行约定好融资的细节，签订正式的融资合同，核心企业与银行之间要签订反担保的一系列协议，核心企业还要签订付款承诺书，经销商与银行签订正式的有法律效益的质押合同，经销商和核心企业签订的债权—债务合同等。为了切实保障各方的利益，只有通过签订这一系列合约，才能得以保障参与者各方面的利益，使融资可以达到预期目的。与此同时，正是因为有了这些合约，才分散了相当一部分的风险，把银行所承担的一定风险转嫁给了签订合约的企业。

二、融资业务管理中对经销商的激励策略

供应链成员企业之间既相互合作，也相互竞争，它们有着一个共同的目标，就是使自己在市场中获得最大的效益，因此，它们追求自身供应链价值的最大化。所以它们之间需要相互协调，相互共享信息，相互承担风险。在此基础上，各个企业之间应该保持大的利益的一致性，通过合理的收益分配与激励政策，促使各个企业争相发展，使供应链在市场中更加稳定，抢占市场，同时有效地改进供应链整体的性能。

对经销商实施激励策略的主要目的就是鼓励下游企业积极实行信息共享，分担融资业务中的不确定风险。主要有以下两种方法：

1. 定价激励方式

定价激励方式即核心企业对于不同的经销商的商品的价格是不同的，以此来形成相对优惠价格，对不同经销商区别对待的一种定价方式。与以往的传统的统一定价方式不同，它更加考虑到了经销商能力与带来利润的不同化，不再是简单的利润平均化，如果采取价格一定，定价时忽略了经销商为核心企业提供信息共享的差别，无法补偿经销商的信息分享，这样就会使信息的充分共享受到阻碍。区别定价可以有效地避免这一问题的发生，并且价格高低根据企业的信息共享的程度来制定，对于共享信息的企业采取优惠的低价格，反之采取高定价的方式，这种方式，在某种程度上可以提高整个供应链的信息共享程度，进而提高供应链的稳定性和综合实力。

2. 返销方式

为了保证融资的有效、顺利进行，解决经销商的资金短缺问题，核心企业可以允许下游的经销商以拟定的返销价格，将超过需求的产品退给核心企业。通常情况下，返销价格要低于批发价，显然会导致经销商承担额外的成本，但正是因为这样，才有利于促使经销商提高自己的仓储管理水平以及营销能力，促使它们利用专业的技术和有效的管理来认真地分析市场需求，及时了解市场的最新动态，迅速作出反应，与核心企业之间进行密切联系，信息共享并且对于难以卖出的商品，采取自己适当的方式去促销，使核心企业与经销商双方共担需求不确定风险。

三、融资业务中信用的管理

担保融资业务顺利开展的保障是企业具有良好的信用。中小企业的信用水平普遍较低再加上固定资产较少，所以导致它们在银行很难获得贷款，而且它们的经营相对独立，规模也都不会太大，更不会有特别大型的企业为其进行全额担保，并且缺乏有效的抵押物和担保措施。银行提供贷款融资的依据就是存在真实的买卖关系，利用交易过程中的库存产品、订单生成的应收账款等作为质押货物，为整条供应链上需要融资的企业提供贷款，降低整体供应链融资的难度和成本。因此，作为向银行为经销商提供担保的核心企业，应该建立起完善的信用评价机制，对经销商的商业信用、财务能力、还款能力以及风险承担能力进行全面、准确的评估，对质押货物进行监督，及时与银行沟通，反馈信息。

第五节　在面向经销商的担保融资中银行风险的控制

一、面向经销商的担保融资中银行存在的风险

面向经销商担保融资业务中银行存在的风险分为外部风险和内部风险。外部风险是只由供应链以外的因素引发的风险。例如，国家法律法规、市场政策、行业市场环境的变化等。而内部风险主要来自供应链内部，比如供应链金融各参与主体间的信息不对称、责权没有明确的界定、管理机制不完善等。

(一) 信用风险

银行因借款人或交易对手违约而导致损失的可能性，它是面向经销商担保融资业务中，银行面对的首要风险。而面向经销商担保融资业务就是依靠第三方——供应链中的核心企业提供担保获取融资的保证担保授信。如果对于融资企业——核心企业担保的经销商，没能准确地把握其具体商业信用和自身竞争实力以及财务能力、风险承担能力，银行同意了经销商的贷款申请，无疑会给银行本身以及核心企业带来经营风险。

(二) 质押货物的流动性风险

因为整个融资过程中涉及质押物的货权转移，质押物具有流动性和变现性，银行同意经销商贷款行为的依据是核心企业向其反馈的物流真实流动情况，订单销售的真实可靠性。如果物流企业对质押物品监管不得当，造成质押物多次货权转移，最后无法保证质押物的价值性。

(三) 信息不对称风险

供应链是靠上下游企业之间通过买卖关系而形成的战略联盟，因此上下游企业间是相互独立经营、管理的经济个体。供应链规模越大，结构越复杂，信息传递的误差和延长也会随之产生。如果信息传递不及时，会造成错误信息的发送，上下游信息不对称。这样直接导致企业生产产品与客户的需求存在分歧，无法真正满足市场需求。

产品价格的波动直接导致抵押商品的质量或品牌出现重大负面影响，影响产品销售，这直接给银行带来风险。

二、面向经销商的担保融资中银行风险的控制

(一) 完善担保的法律政策，为企业营造良好的信用环境

政府部门对企业的信用环境的建设有着重要的作用，虽然政府是一般经济活动的主体，但它的地位决定了政府信用能够利用自身的权威性和执行力对企业的信用进行严格的监控。因此政府部门应当不断完善相关担保的法律法规，对于违反融资合同的失信企业采取严厉措施，对信用良好企业放宽银行贷款额度。

(二) 鼓励信息共享，避免信息的不对称

信息的有效传递直接决定了供应链上各个企业的战略决策，对整个供应链的利益和效率有很大的影响。而且供应链是每个经济实体的联盟，是一个利益结合体。因此，只有供应链上下游彼此积极主动地进行信息共享，在市场环境发生变化时，融资业务的参与企业才可以迅速及时地作出反应。所以银行和具有主导地位的核心企业就应当对供应链融资中的其他中小企业采取一些优惠政策，激励供应链中的企业进行信息共享。

(三) 完善融资业务中各参与企业的管理体制

作为核心企业来说，应该对经销商进行信用审核，建立信用评估指标，在经销商融资业务中，更加要对经销商设立信息采集标准和信用信息库，对于经销商的单据凭证原件要有辨别真伪能力。质押货物是银行规避风险的保证，因此物流企业要对质押物品进行妥善的保管和监控，提高仓库的管理水平，监督融资企业的交易真实性，避免债权依旧存在而货权却已经发生转移的现象发生。银行为了降低产品因市场价格波动带来的损失，应当建立商品价格波动预测系统。质押物在融资中起着保证的作用，即使授信企业难以还款，只要有足够的质押物品作为质押，银行还是没有损失的风险。由于质押物的质量会直接影响其价格，因此银行在选取质押物时应根据市场行情正确选择质押物，选取满足市场的需求和优质的质押物，另外质押物的易保存、不易变质且便于交通运输，也是选取质押物的标准。为了规避质押物的价格波动带来的风险，有必要建立市场需求及价格变化趋势的预测机制。这就离不开各参与企业的信息共享，因此对于信息主动提供企业，其他企业均应给予相应的优惠、

激励政策。

第六节 面向经销商的担保融资相关案例分析

一、供应链融资中合作企业担保模式

由于经济的发展，越来越多的金融机构不断进行金融创新，将自己的发展转移到了新的方式上。多年前，齐商银行为了适应市场的需求，成立了一家金融服务机构，公司规模比较小，业务目标群体是微小企业，地点在山东。公司不断地进行创新发展，到2010年的时候，业务模式相对来说比较成熟，业务量和业务范围都有所增加，逐渐形成了自己独特的竞争优势。公司推出的针对商场和超市的有关融资模式，在一定程度上，可以有效地缓解中小企业资金压力。

淄博爱玛商贸有限公司是一家比较传统的流通公司，公司的经营规模比较大，业务范围也比较大，有很高的市场占有率，各大商场和超市的牛奶都是从此处进货。公司的经营管理一向很好，销售渠道和客户关系都比较稳定，公司的销售收入呈逐年增长的趋势，而且增加率也呈增长状态；2010年2月的时候，公司的净利润就将近60万元，同时，公司的存货价值大概和净利润一样，将近60万元，此外公司法人代表还有一处价值40多万的房产和超过100万的应收货款。

慢慢地，随着经济的发展，人们对于健康牛奶的需求普遍增多，市场的需求量越来越大。由于公司的存货比较少，现有的规模远远不能满足客户的需求，因此，公司急需扩大规模，增加库存水平，以此来满足市场的需求，但是公司扩建需要大量的资金，存货也要占用一定的流动资金，公司不得不向银行贷款。但是，在传统的融资模式下，国有银行的贷款条件非常苛刻，固定资产是主要的质押物，但是，这个公司法人只有一处房产，经过评估之后，也不符合国有银行贷款的条件，所以，企业向国有银行申请贷款的计划失败了，随后，在农信社的贷款申请也失败了，由于公司属于中型企业，农信社的贷款对象是一些能力地位处于弱势的小企业。在传统的融资方式下，为了控制风险的发生，质押贷款的手续一般都比较复杂，需要审批的时间比较长，贷款的成本比较高，爱玛商贸公司试图通过此手段获得贷款，缓解当前的资金压力，显然是不行的。

齐商银行正在开展专门为商超企业提供融资的业务,爱玛商贸公司最终到此银行来申请贷款。紧接着齐商银行指派专门的审核专家仔细研究该企业的经营情况,并通过实地调查的方式了解最真实的情况,充分地调查公司的经营模式还有经营的状况,并通过对市场的调查,了解市场对该公司所提供产品的需求量,还对公司的信用水平、库存管理水平、交易结算方式等进行深入的考察,发现公司的经营状况比较好,同时市场的需求比较大,公司的发展前景比较乐观,此外公司的销售渠道和客户都比较稳定,和一些大型超市和商场都有长期的合作。最后,齐商银行又找到东泰商厦——一家有影响力的大型公司为其进行担保(收取1%的担保费用)。爱玛商贸公司作为东泰商厦集团的供应商,长期进行合作,而且合作关系还比较好,东泰商厦作为一家大型商场,规模比较大,市场影响力和占有率都比较大,有超过六十家的分公司,并且经营状况都比较好。由此公司进行担保,并承担一定的连带责任,这样就有效预防了风险的发生。经过一系列审核担保选取之后,齐商银行和爱玛商贸的合作关系就正式形成了。[①]

二、案例分析

在上述案例中,淄博爱玛商贸有限公司作为伊利低温牛奶淄博地区总经销商,而东泰商厦是资金雄厚,具有良好银行信用的企业,两者有较为密切和稳定的合作关系,齐商银行作为借贷银行,通过对融资企业——淄博爱玛商贸有限公司进行各种信息收集和评估后,在与之有稳定合作关系的东泰商厦作为担保的情况下,同意了淄博爱玛商贸有限公司的贷款申请。

在这个融资业务开展的过程中,作为融资方淄博爱玛商贸有限公司获得了贷款,而且快速、低成本地解决了购货资金缺乏的难题;借贷银行——齐商银行从中获取了业务办理手续费和利息;东泰商厦在获取担保费用外,更重要的是获取了充足、未拟定的货源,保证了供应链的持续发展和高效率运转,给自身正常经营带来了好处。足以证明整个融资业务的开展是一个共赢的局面。融资业务与传统的银行信贷业务相比较,是以整个供应链作为一个整体,以融资企业所在供应链的核心企业作为担保,开

[①] 李敦亮:《合作企业担保模式下供应链融资的内在逻辑:淄博案例》,载《金融经济》2012年第6期。

辟了一种新型的融资方式，打开了企业链接银行的一种新方法，这种方法不仅有利于多方共同发展，有利于企业渡过困境，有利于银行深层次的挖掘客户，极大地稳定了银行与企业的关系，对形成利益共生机制发挥了重要的激励作用。

第三编　基于债权控制的供应链融资

第七章 应收账款质押融资

第一节 概 述

一、应收账款质押融资的概念

(一) 应收账款的概念及特性

"应收账款"与"应付账款"是相互对应的两个概念,正好相反,一个是资产类的科目,而另一个是负债类的科目。

应收账款是"基于真实的合同而形成的、以金钱给付为内容、具有商业稳定性期待利益的债权"①。应收账款主要有以下几个方面的基本特征:

(1) 应收账款是一种与财务资金有关的债权。应收账款是因基础合同而产生的债的请求权,是一个企业法律上向另一个企业表示偿还债务的科目,是一种财产权利,应收账款的这种流动的特性使其很适合作为抵押物进行融资。

(2) 应收账款具有一定的未来期待性。应收账款作为一种财务证明方式,代表着一种资金的回收,不管是在当下还是在未来,应收账款都包含着浮动利率,可以为企业带来利息。② 不足的就是在当下不能作为流动资金进行使用。

(3) 应收账款可以进行转让,因为其是一种财产证明,因此可以进行转让,当应收账款进行转让的时候,其所有权也随之进行了转让,当然,应收账款可能出现的风险才跟着转移了。

---

① 雷凌:《应收账款质押之对象分析》,载《广西社会科学》2008 年第 9 期。
② 王全地:《物权法》,浙江大学出版社 2007 年版,第 431 页。

(二) 应收账款质押的概念

应收账款质押是指企业将自身的应收账款，通过特定的行为，质押给银行以获得融资的行为。然而基于供应链的应收账款融资业务模式，一般不是为核心企业提供服务的，而是为处于供应链上游的中小企业提供贷款服务，从而缓解中小企业在运营中的资金压力。这种融资模式，需要银行、参与交易的卖方(中小企业)、还有买方(核心企业)三者共同参与，达成一定的合作协议。在进行融资业务办理之前，银行要指派专业的人员进行仔细调查，实地考察买卖双方企业经营的状况，管理的水平以及市场的发展前景。另外还要仔细审核交易的合理合法性，应收账款的合法性，这样可以在一定程度上控制风险的发生。此外，银行也要对整个供应链上的企业进行调查，整个供应链的稳定性和综合实力在一定程度上，也会影响借款企业的还贷状况。核心企业在此过程中，作为买方，也要承担一定的责任，当贷款到期时，如果借款企业由于经营不善或者其他的原因不能偿还全部的贷款，那么按照法律的规定，核心企业就要承担一定的连带责任。

二、国内外应收账款质押融资实践

应收账款质押担保模式，适应时代发展的潮流，能够满足市场的需求，因此这种融资方式，在国际上发展迅速，特别是在一些西方的发达国家，更是得到了广泛的应用，同时应收账款融资模式，对于经济的发展也起着很重要的推动作用。早在2001年的时候，就有关应收账款融资方面的问题，联合国国际贸易法委员会颁布了相关的法律法规，为应收账款质押融资的发展提供了法律基础。除此之外，为了更好地促进应收账款融资业务的办理，各国商业银行还专门成立了应收账款担保联盟，因为进行交易的双方并不一定处在同一个国家或者是地区，这些银行之间进行联盟，可以有助于国际应收账款业务的办理。应收账款质押融资是发展经济的良好渠道，对于缓解中小企业资金压力问题有很大的改观。

自从2007年我国《物权法》颁布以来，应收账款质押模式也得到了迅速的发展，越来越多的银行开展此业务，而且进行应收账款质押的中小企业的数量也逐年增多。调查表明，中小企业在利用应收账款办理贷款时，越来越便利，在《物权法》颁布才两年的时间里，中小企业就利用此模式进行借款，金融超过了2.5亿元，这在很大程度上解决了中小企业在经营过程中的资金难题,能有效地促进中小企业的发展。中国人民银行的相关报告表明,到 2014 年 8 月为止,我国的应有账款融资规模竟然比 2009 年扩大了将近 9 倍,融资的金额达到了约 102 亿元。

第二节 应收账款质押融资业务

一、应收账款质押融资业务的操作流程

应收账款质押融资的模式主要是以企业之间正常真实的交易作为基础,把所要融资的企业的应收账款作为质押,此时银行更加关注的是融资企业所在的整个供应链的运作状况,以及核心企业及其关联企业之间的经营情况,并非仅仅考察所要融资的单个企业的整体情况。在该模式中,对于核心企业来说,它承担着反担保的义务。由于它在供应链中整体的地位高,因此一旦融资企业难以还款,它将要承担责任。与此同时,在这种约束机制的作用下,供应链上的小企业想要发展,就必须要与核心企业保持良好的关系,一旦自身难以偿还银行债务,就得让核心企业来承担这个债务,可能导致其与核心企业之间关系僵化,等待自己的也就只有不发展甚至破产的命运了,因此它们违约的概率原则上并不高。基于供应链金融的应收账款融资模式,利用大企业的资信来帮助小企业渡过困境,是一种多赢的模式。

该模式主要的步骤是:企业向银行提出融资申请——银行考察所要融资的企业——企业将自身的应收账款质押给银行——找第三方物流企业作为担保把融资企业的应收账款转变为企业的应收账款——融资企业的应收账款由银行接受。这就是一个完整的步骤,具体如图 7-1 所示[1]。

①供应商和经销商(也即是卖方和买方)之间发生买卖关系;
②买方开出应付账款凭证,卖方收到应收账款凭证;
③借款企业向银行申请单款业务,质押应收账款给银行;
④买方要提供应收账款证明给银行,并与银行之间签订有关还款的事项;
⑤银行审核完成后,为卖方提供资金,卖方可以用资金再进行正常的

---

[1] 闫俊宏、许祥:《基于供应链金融的中小企业融资模式分析》,载《上海金融》2007 年第 2 期。

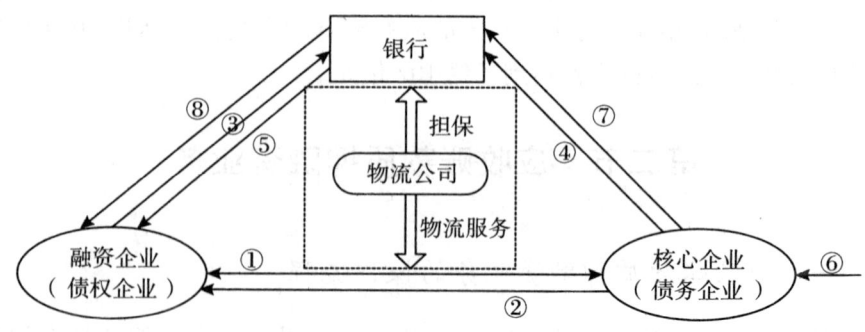

图 7-1　应收账款融资模式操作流程

生产经营；

⑥买方把买到的商品销售出去，收到货款；

⑦在约定期限内，买方要把货款打到银行指定的账户（卖方开设的），用来归还贷款；

⑧质押业务完成，解除合同。

图 7-1 中虚线部分表示，物流公司可以采取相关措施，比如提供附加担保等一系列方法来控制风险的发生。

由上通过应收账款融资模式可以看出，中小企业通过这个方法可以及时获得银行提供的贷款，这不但有利于企业渡过危机，解决其棘手的问题，而且也有利于银行提高自己的经营效益，在低风险业务中获取利润，提高自身竞争力。

二、我国应收账款质押融资业务的发展

自从八年前，《物权法》出台，对应收账款质押融资作出的一些明确的规定，同时作为法律法规，为应收账款质押模式的开展提供了保障，促进了此项业务的发展。经过八年时间的发展应收账款在我国的融资模式中发挥着很重要的作用，这种业务模式的开展，一方面可以帮助中小企业获得资金，用于公司正常的经营生产，另一方面，可以扩大银行的业务范围，增加银行的业务量，促使银行不断的创新发展，形成竞争优势。以下是应收账款质押模式的几个主要的特点：

1. 这种融资模式适用范围广泛，市场需求多，潜力大

由于这是一个新兴的融资方式，对于银行来说，可以有效地绑定客

户，发展自己的产品，使自己逐步跟上时代发展的步伐，因此银行会利用这个方式去不断地发展客户，使这个业务全面的展开。对于中小企业来说，在交易中，经常发生赊销方式，会产生大量的应收账款。这一融资方式的出现，有效地解决了自身发展中存在的必然问题，为自己在发展中遇到的难题找到了解决的方法，因此企业也会尽力接触这个产品，积极和银行配合来达到自己的目的。因此，这种融资方式在我国发展的前景非常广阔。

2. 银行开展应收账款质押融资业务并不乐观

由于应收账款融资属于一项新的业务，处于刚刚起步的阶段，相关的政策还不是特别完善，在进行交易时，缺少法律的保护，银行对于这方面的经验也很有限，因此与不动产抵押相比，应收账款质押贷款面临的风险较大，而且银行对于业务的发展都采取着一种谨慎的态度。因此，目前整体情况还不乐观。

3. 应收账款质押融资地区间发展不平衡

由于我国经济发展的严重不平衡，本着优先发展、先富带后富的原则，我国沿海地区和一些中东部地区的经济发展比较迅速，这些地区的企业也比较多，凭借着强大的资源优势和贸易往来，发展比较快。但是，受到经济的限制，西部地区发展比较慢，企业比较少，经营模式相对也比较落后。从而应收账款融资业务的办理也呈现地域上的不均衡性。

第三节　应收账款质押融资的风险评价及控制

一、应收账款质押融资的风险

应收账款质押融资作为一种比较新颖的融资方式，能够适应市场的需要，满足中小企业融资的需要，具有很大的发展潜力。但是，正是作为一种刚起步的融资方式，在实践过程中，与传统的以固定资产作质押物进行贷款相比会有很大的风险，风险主要来自于进行交易的买卖双方。

(一) 主体风险

主体风险还可以分为来自于买方的风险和来自于卖方的风险。

(1) 买方主体(即债务企业)风险。作为交易的买方企业，如果该企业的信用水平比价低，到期不偿还商品的货款，这样对于卖方企业来说，收不到货款，就没有资金偿还银行的债务，就会使银行的利益遭到破坏，使银行承受一定的风险。

(2) 卖方主体(即债权企业)风险。这个风险主要是指融资企业带来的风险。由于办理质押贷款业务的基本都是一些中小企业，这些企业的规模普遍比较小，经营品种单一，没有稳定的客户和销售渠道，一旦市场需求发生了改变，这些企业在外部环境强大的冲击之下，一般都很难生存，企业的经营会更加困难甚至出现破产，这样就会给银行带来一定的风险。

(二)客体风险

当买方在应收账款期限内出现违约状况，不按时支付货款，对于银行来说，就不能在约定期限内收到贷款，这样就会使银行的利润遭到破坏。这就是所谓的客体风险。

这种风险主要有以下几种表现形式：

(1) 应收账款合同的真实有效性。只有在真实的贸易背景下，企业的应收账款才是还款的最有力的保障，否则一切都是空谈，合法性是应收账款质押融资的基础，不是真实有效的合同不受法律的保护。

(2) 资金安全风险。当收到货款后，卖方应该首先用此来偿还银行的债务，不可以私自用于其他方面的经营生产，因此银行要进行严密的监控，设置固定的还款账户，防止风险的发生。

(3) 应收账款灭失风险。如果在债务人不知情的情况下，卖方私自利用应收账款进行质押融资，此时买方在支付商品货款时有可能采用抵销等其他的方式，这样银行贷款就有可能在到期时得不到偿还，从而给银行带来风险。

(4) 开出的应收账款是否符合会计制度的标准。并不是所有的应收账款都能够归为企业的资产，在会计制度中有明确的规定，只有符合会计制度的要求，按照此要求确定为收入的应收账款才属于企业的资产，才能用来进行质押融资。

二、应收账款质押融资的风险评价

(一)应收账款质押融资的风险评价指标体系

应收账款质押融资模式主要涉及三个利益群体，分别是融资企业、银行与反担保的核心企业。在传统的融资模式中,银行在办理业务之前,首先对借款企业的固定资产、财务状况、信用水平等进行考核,审核的仅仅只是借款企业,然而,在供应链融资模式下,它主要是把整个供应链上的企业作为一个整体,对其中一个企业的授信不仅仅是原来单方面的授信调查,而是把核心企业以及供应链整体的运营情况进行考虑,对一个企业进行综合授信。对于中小企业来说,在传统的模式下,规模较小、可用来质押的固定资产也比较少,经营种类单一,信用水平低等状况会使自身很难获得贷款。

主体风险评价和债项风险评价是基于应收账款融资模式的两个最基本的信用评价,其中主体风险主要是考虑到企业自身的经营情况、自己在供应链中的地位、自己的财务情况、自己偿还债务的意愿度、企业的发展前景等。在这个基础上,加入了债项风险评价,主要是掺杂一系列的参数,把中小企业的违约风险进一步地降低。在进行应收账款质押融资模式的风险分析时,主要考察应收账款的特征、核心企业(应收账款债务人)状况、供应链运营状况,将中小企业供应商与核心企业共同考虑到一个评价体系中,可以全面、准确、系统、客观地为银行提供参考。

1. 主体评价——中小企业供应商实力

中小企业在进行质押融资之前,银行要对其进行审核,比如:企业的生产产品、成立时间、市场状况、发展方向、运营能力、偿债能力等。我们选取企业基本素质、偿债能力、运营能力、发展前景、盈利能力来作为主要的指标分析。

(1)企业基本素质

企业基本素质是一个企业最基本的东西,会直接影响到企业未来的发展,是影响企业信用状况的内部条件。公司领导层的魅力,中层管理者的素质,以及基层员工的整体风貌等都会直接影响企业的发展方向,进而影响企业在未来的经营状况。

(2)运营能力

一个企业的运营能力可以反映企业的运营情况,也间接地反映了企业偿还债务的能力,运营能力也可以反映出企业领导层的决策能力。如果资金周转率比较高,企业就会有更多的流动资金用于扩大企业经营的规模和范围,增加更多的收入。

(3)偿债能力

企业偿债能力是企业偿还所欠债务的最主要的指标,银行可以综合分析来判断企业是否有足够的能力偿还所欠银行的债务,这个指标也可以反映出企业控制风险的能力,以及经营的良好程度。

(4)盈利能力

企业的盈利能力反映了企业经营情况的好坏,只有具备良好的盈利能力才能说明这个企业的经营状况良好,有足够的现金流流入,可以用来偿还银行的债务。也集中体现了企业的管理水平以及科技创新能力和发展战略。

(5)发展前景

企业发展前景主要是指企业的愿景,以及结合自身制定的符合自己的发展战略。主要考察的是企业的成长能力与适应社会发展的能力,市场占有率和市场影响力以及收入的增长率等可以反映出企业的发展前景。

2. 债项评价——应收账款特征、买方企业的经营情况、供应链运营状况

因为融资的大部分是中小企业,中小企业起步晚、规模小、固定资产比较少,经营状况易受市场的影响,所以在传统的信贷模式下,根本达不到银行贷款的要求,但是在应收账款模式下,企业更多地是考察应收账款的合理合法性、真实性等一些状况,来判断应收账款是否符合贷款的要求。同时,核心企业作为买方,作为欠款企业,它的经营状况、信用水平、市场影响力等也会影响着还款的状况。一旦借款企业不能按时归还贷款,那么银行就有权追究核心企业的责任。

(1)应收账款的特征

为了避免风险的发生,满足以下几点的应收账款,才可以用来进行质押:

①应收账款不可以随便转让,即使转让也是建立在法律的基础之上,并且买卖双方都必须同意;

②应收账款如果被转让,被转让的人必须具有一定的资格(符合法律规范);

③应收账款的基本要素和银行支票差不多,都有着严格的规定,比如必须要有载明应收账款的字样,金额的多少、期限的长短、支付方式、债务人名称等都必须有明确的规定;

除此之外,还应该考虑供需企业在签订应收账款合约时有没有虚假的

交易操作来蒙骗银行，比如是否有虚假的贸易、恶意抬高价格等情况的发生。

可质押的应收账款应具备的条件包括：

a. 供应商已经把购销合同规定的产品发货并且也已经由买方验收；

b. 货物的买方可以实现资金的准时收付；

c. 明确应收账款的金额，并且卖方之前在银行已经作出保证，在一定期限内，把货款打到银行指定的账户；

d. 应收账款要在质押融资之前到期等。

(2) 核心企业(应收账款债务人)状况

在供应链中核心企业一般处于领头的地位，这些企业的规模普遍比较大，有很强的市场影响力和竞争力，拥有大量的资金和较高的信用评级。相对而言，处于供应链上的其他中小企业，由于起步晚，一般规模都比较小，固定资产有限，信用等级低，市场影响力和占有率比较小。然而一些金融机构进行办理融资业务时，其对供应链上与核心企业构成上下游关系的其他企业放贷的依据就是核心企业的资金实力和信用级别，所以说，核心企业的实力水平在一定程度上决定了整条供应链的实力水平，提高核心企业的竞争力和经济效益可以带动供应链上其他企业的发展，核心企业的自身优势也可以对融资企业的应收账款的回收产生重要的影响。

(3) 供应链运营状况

供应链整体的运营状况也会对应收账款产生影响，信息在供应链上的充分流动实现共享，可以使供应链上的中小企业和核心企业面对市场的变化迅速采取措施，对市场的需求迅速作出反应。链条上的企业之间联系越密切，沟通越顺畅，信息共享越充分，就越能促进各个企业的发展，供应链上的企业整体实力的增强，进而影响应收账款收回的情况。

信息在供应链之间的传递，在一定程度上影响了企业的经营状况，充分的信息共享和流通，可以使企业有效地降低库存水平，从而减少了流动资金的占用。不对称的信息传递很容易使企业的经营系统发生瘫痪，不能有效地控制经营风险。

应收账款质押融资模式风险评价指标体系如表 7-1 所示：

表 7-1 应收账款融资模式风险评价指标体系

	第一层次	第二层次	第三层次
应收账款质押融资模式风险评价指标体系 U	主体评价——中小企业供应商实力 U_1	企业基本素质 U_{11}	领导者素质 U_{111}
			员工素质 U_{112}
			企业整体管理水平 U_{113}
		运营能力 U_{12}	应收账款周转率 U_{121}
			流动资产周转率 U_{122}
			总资产周转率 U_{123}
		偿债能力 U_{13}	资产负债率 U_{131}
			利息保障倍数 U_{132}
			流动比率 U_{133}
		盈利能力 U_{14}	销售利润率 U_{141}
			总资产利润率 U_{142}
			净资产收益率 U_{143}
		发展前景 U_{15}	销售收入增长率 U_{151}
			净利润增长率 U_{152}
			总资产增长率 U_{153}
	债项评价 U_2	应收账款特征 U_{21}	购销合同有效性 U_{211}
			价格虚高风险 U_{212}
			应收账款的账期 U_{213}
			换退货记录 U_{214}
			融资企业坏账率 U_{215}
		核心企业(应收账款债务人)状况 U_{22}	信用状况 U_{221}
			行业特征 U_{222}
			营运能力 U_{223}
			偿债能力 U_{224}
			盈利能力 U_{225}
		供应链运营状况 U_{23}	上下游企业合作密切程度 U_{231}
			以往履约情况 U_{232}
			信息共享程度 U_{233}

(二)应收账款质押融资风险的多层模糊综合评价

1. 划分因素级别及用层次分析法对各级因素赋予权重

(1)划分各因素级别。

应收账款质押融资风险评价指标体系由三个层次的因素所构成,第1层的因素为 $U=\{U_i\}$;第1层因素又分别由第2层因素构成,即 $U_i = \{U_{ij}\}$;第2层因素又分别由第3层因素构成,即 $U_{ij} = \{U_{ijk}\}$。

(2)构造成对比矩阵。

在对两个因素选择比较时,哪个更重要,重要的大小程度,都应该有定量的、明确的判断方法。依据人们普遍心理特征及思维方式特点,层次分析法将对人们的判断情况的结果用9种重要性程度表示,即同样重要、稍微重要、明显重要、强烈重要、极端重要以及这每二者之间的一个中间级别,并用1~9之间的整数来分别表示这九种程度,也即9级标度法。

根据9级标度法来构造判断矩阵,用 R_{kij} 表示第 k 层上的重要性矩阵,判断矩阵中的数值用 R_{ij} 表示,如表7-2所示:

表7-2　　　　　　　　9级标度及其含义

标度	含　义
1	表示两个因素相比,具有同样重要性
3	表示两个因素相比,一个因素比另一个因素稍微重要
5	表示两个因素相比,一个因素比另一个因素明显重要
7	表示两个因素相比,一个因素比另一个因素强烈重要
9	表示两个因素相比,一个因素比另一个因素极端重要
2,4,6,8	为上述判断的中间值

(3)采用特征根法求解判断矩阵,得出指标权重。

判断矩阵的特征方程为 $|\lambda I - R| = 0$,解此方程得到不同的特征根和与之对应的特征向量。λ_{max} 为 R_{kij} 的最大特征根,W_{ij} 为与 λ_{max} 相对应的正规化特征向量,$W_{ij} = (w_{i1}, w_{i2}, \cdots, w_{im})^T$。$w_{ij}$ 表示指标 U_{ij} 的权重。

(4)进行一致性检验。

判断矩阵元素的值通常利用专家建议和分析综合结果平均来定,当然不可避免存在互相矛盾的情况,也即判定矩阵的不一致。故有必要对判断矩阵进行验证。

CI 表示矩阵的一致性指标，$CI = (\lambda_{max} - n)/(n - 1)$。$CI$ 的数值越趋向于 0，矩阵的一致性则表示越强。当 $\lambda_{max} = n$ 时，$CI = 0$，表明矩阵完全一致。

对一阶、二阶矩阵不做一致性检验。对三阶及三阶以上的矩阵，进行矩阵一致性检验，其中会涉及一致性比例 CR，$CR = CI/RI$。当 $CR < 0.1$ 时，该矩阵的一致性检验结果是令人满意的，否则的话就应该为了消除过高的一致性而来变换判断矩阵当中的元素，如表 7-3 所示：

表 7-3　　　　　判断矩阵的平均一致性指标 RI 取值

n	1	2	3	4	5	6	7	8	9
RI	0	0	0.58	0.90	1.12	1.24	1.32	1.41	1.45

2. 确定评价等级和标准

首先，确定各项评价指标统一的评语等级，这里确定 5 个等级，分别为风险低、风险较低、风险中等、风险较高、风险高。然后再分别制定出每项评价指标归为每个等级的标准，以便专家评定等级时作为依据，如表 7-4 所示。

3. 评价各个因素所属的评语等级

对每个因素进行风险评价，构建模糊评价矩阵 $R_i = \{r_{ijkm}\}$，r_{ijkm} 是一种隶属度，其含义为因素 U_{ijk} 隶属于评价等级 V_m 的程度。

4. 进行模糊综合评价，获得最终结果

关于多层次的整体评价问题，模糊综合评价是从低层次一次过渡到高层次上的，即用上一级评价的结果作为变换矩阵再进行运算。

第一层次的模糊综合评价：$B = W \cdot R = W \cdot \begin{Bmatrix} B_1 \\ B_2 \\ B_3 \end{Bmatrix} = (b_1, b_2, b_3, b_4, b_5)$

向量 R 即对应评语集 $V = (v_1, v_2, v_3, v_4, v_5) = ($风险低、风险较低、风险中等、风险较高、风险高$)$ 中各个风险程度的发生几率，各自与应收账款不能按时回收进而不能向银行还款的风险分布情况相对应，即(应收账款回收可能性很大，可能性较大，可能性中等，可能性较小，可能性很

第三节 应收账款质押融资的风险评价及控制

表 7-4　　应收账款融资模式风险指标评价等级

指　标	指标描述	风险低	风险较低	风险中等	风险较高	风险高
领导者素质 U_{111}	学历、管理者年限	好	较好	一般	较差	差
员工素质 U_{112}	学历、职业技能					
企业整体管理水平 U_{113}	组织结构、内部监督、公司治理等					
应收账款周转率 U_{121}	销售收入/应收账款平均余额	与行业平均水平相比表现优秀	与行业平均水平相比表现良好	与行业平均水平接近	与行业平均水平相比较差	与行业平均水平相比很差
流动资产周转率 U_{122}	销售收入/流动资产平均余额					
总资产周转率 U_{123}	销售收入/总资产平均余额					
资产负债率 U_{131}	负债总额/资产总额					
利息保障倍数 U_{132}	息税前利润/利息费用					
流动比率 U_{133}	流动资产/流动负债					
销售利润率 U_{141}	净利润/销售收入					
总资产利润率 U_{142}	净利润/资产总额					
净资产收益率 U_{143}	净利润/所有者权益					

续表

指标	指标描述	风险低	风险较低	风险中等	风险较高	风险高
销售收入增长率 U_{151}	(本期销售收入－上年同期销售收入)/上年同期销售收入	明显高于行业平均增长率	较高于行业平均增长率	与行业平均增长率相接近	较低于行业平均增长率	明显低于行业平均增长率
净利润增长率 U_{152}	(本期实现净利润－上年同期实现净利润)/上年同期实现净利润	明显高于行业平均增长率	较高于行业平均增长率	与行业平均增长率相接近	较低于行业平均增长率	明显低于行业平均增长率
总资产增长率 U_{153}	(本期总资产－上年同期总资产)/比年同期总资产	明显高于行业平均增长率	较高于行业平均增长率	与行业平均增长率相接近	较低于行业平均增长率	明显低于行业平均增长率
购销合同有效性 U_{211}	贸易背景是否真实、各项条款是否明确、销售以及入库单据是否齐全等	好	较好	一般	较差	差
价格虚高风险 U_{212}	还款来源价格不足的风险	低	较低	一般	较高	高
应收账款的账期 U_{213}	应收账款的账期长短	1~2个月	3~5个月	6~8个月	9~12个月	12个月以上
换退货记录 U_{214}	购买者换退货频率	几乎没有	偶尔	一般	较多	十分频繁
融资企业坏账率 U_{215}	应收账款回收不了的比率	低	较低	一般	较高	高

续表

指 标	指标描述	风险低	风险较低	风险中等	风险较高	风险高
信用状况 U_{221}	银行或证券评级机构给予的评价等级	AAA	A-AA	BBB	B-BB	其他
行业特征 U_{222}	行业地位、行业集中、行业周期特点的风险	低	较低	一般	较高	高
营运能力 U_{223}	销售收入/应收账款平均余额	与行业平均水平相比表现优秀	与行业平均水平相比表现良好	与行业平均水平相接近	与行业平均水平相比较差	与行业平均水平相比很差
偿债能力 U_{224}	负债总额/资产总额 流动资产-存货)/流动负债					
盈利能力 U_{225}	净利润/销售收入 净利润/总资产					
上下游企业合作密切程度 U_{231}	上下游企业交易频率、合作年限等	高	较高	一般	较低	低
以往履约情况 U_{232}	违约率=违约次数/交易总次数	低	较低	一般	较高	高
信息共享程度 U_{233}	是否设立信息共享系统以及信息传递是否流畅	高	较高	一般	较低	低

小)各种情况所对应的概率,所以当对应的级别是高风险和较高风险时,也即意味着中小企业供应商归还账款的概率很小,违约的可能性高,银行等金融机构所面临的风险也较高,因此在权衡收益与风险的情况下,将质押率定为 $\beta = v_1 + v_2 + v_3$,即当应收账款回收可能性大、较大和一般时才进行质押。

三、应收账款质押融资的风险控制

为了更好地降低银行等金融机构的风险,首先在融资时要求在严格控制质押率的情况下进行,同时要求银行等金融机构应用其他的风控措施降低应收账款的风险。[①]

(一)选择适合的应收账款

应收账款的质押要满足相应的要求:
①供应商已经把购销合同规定的产品发货并且也已经由买方验收;
②货物的买方可以实现资金的准时收付;
③明确应收账款的金额,并且卖方之前在银行已经作出保证,在一定期限内,把货款打到银行指定的账户;
④应收账款要在质押融资之前到期等。

(二)强化贷前调查评估

为了防止质押风险的发生,银行在进行业务办理之前,必须要对企业的经营状况、管理水平等进行严格的调查,需要调查评估的内容比较多,比较复杂。第一,银行指派专业人员对中小企业的经营状况进行审查,接着还要对供应链上核心企业的能力进行考评,确定核心企业具有支付应付账款的能力;第二,金融机构要对应收账款的合法性和真实性进行严格的审查,合法性是应收账款进行质押的前提,除此之外,还要对买卖合同中的交易价格是否合理,作出准确的判断,以此来保证交易的真实合理;第三,银行等金融机构应该对中小企业供应商借款人及核心企业的资产负债状况、经营能力、销售能力和资金现状进行密切关注。为了提高银行等金融机构的效率以及避免由信息不对称所产生的不必要麻烦,可以利用核心

---

① 邢丽丽:《基于供应链金融的应收账款质押融资模式分析》,北京交通大学经济管理学院硕士学位论文,2011年。

企业在选择供应商时所设立的准入评价体系，对中小企业供应商进行考察。

（三）重视应收账款的贷后管理

金融机构在完成贷款的发放后，也要对融资企业进行密切的监视，时刻注意企业的经营状况，依据贷款的去向，同时也要监督借款人按时付款，避免诉讼时效超时。在实际的资金借贷与回笼过程中，银行都会对该专用账户进行监管，而且应收账款的债务人必须将其还款归还到这一专用账户中。

应收账款的贷后监管，可以使融资公司优先偿还企业的贷款，一方面可以控制风险的发生，另一方面还给银行带来了盈利。

（四）在贷款合同中明确约定严格的风险控制措施

有以下一些条款应该在贷款合同中约定：

①当出质人有转让或者放弃权利等动作出现时，则银行等金融机构就可以提出要求撤销合同或者提出提前偿还债务的请求；

②关于应收账款的质押融资的相关事项，出质人需要以书面的形式告知应收账款的债务人，与此同时要获得应收账款债务人的书面承诺函，来证明应收账款的真假；

③若由于出质人的懈怠导致质权已受到或者受到潜在的损害，那么按照法律的规定，银行有权利让买方提前进行债务偿还；

④当发生出质人放弃自己的权利，或者有关的合同进行变更、撤销或者解除时，以及中小企业的财务状况发生危机和管理水平降低时等，银行等金融机构都可以要求买方提前归还贷款。

第四节　应收账款质押融资案例分析

一、案例 1：应收账款质押融资风险评价案例

（一）案例背景

某汽车零配件厂商 H 公司主要进行有关汽车零配件的生产和供应，主要经营配件超过一百种，并且主要和东风汽车有长期的业务往来，H 公司

与东风汽车公司的贸易伙伴关系比较稳定。① 根据国内传统的企业行业供应链"汽车零配件—汽车生产—汽车经销商—最终用户"的模式，H 公司是处在这一供应链的上游的。当前，基于东风汽车作为核心企业，实力比较大，市场规模和影响力都比较大，因此 H 公司通常按 2~5 个月账期的结算模式向东风汽车收取货款，也即 H 公司具有稳定、大量的应收账款，通常保持在 1000 万元左右，当 H 公司资金运用不合理、流动性不足时，就将面临资金困境，会直接影响企业的经营绩效以及资金周转状况。H 公司现在需要缓解自身的短期流动性不足的压力，通过融资保持公司的正常运转，于是，H 公司开始向 F 银行申请贷款。由于 H 公司自身的资产规模以及综合实力都不是很雄厚，想要通过保证担保、抵押担保等传统贷款渠道取得资金就很难。F 银行对 H 公司要进行准确的信用风险状况评估，建立在供应链金融管理的理念之上，将重点考察 H 公司在应收账款的质量、作为供应链上核心企业的东风汽车的还债能力和供应链整体的运作情况。

(二)基于供应链金融的应收账款质押融资模式风险评价

银行信贷专家、行业分析咨询人员以及企业高级管理人员对该汽车零配件厂商 H 公司进行风险评估。

1. 用层次分析法确定各指标权重

建立一个判断矩阵。以第一层次中的各个元素相对于总目标的重要程度为因素，求得第一层次各因素对于总目标相对重要性的排序权重，如表 7-5 所示：

表 7-5　　　　　　　　判断矩阵求 W

U	U_1	U_2	
U_1	1	3	$W = \begin{bmatrix} 0.25 \\ 0.75 \end{bmatrix}$
U_2	1/3	1	

构造第二层次各因素对于第一层次的相对重要性的判断矩阵，求得第二层次各因素对于总目标相对重要性的排序权重并计算一致性，如表 7-6 和表 7-7 所示：

---

① 邢丽丽：《基于供应链金融的应收账款质押融资模式分析》，北京交通大学经济管理学院硕士学位论文，2011 年。

表 7-6　　　　　　　　　判断矩阵求 W_1

U_1	U_{11}	U_{12}	U_{13}	U_{14}	U_{15}
U_{11}	1	3	5	4	1/5
U_{12}	1/3	1	3	2	1/5
U_{13}	1/5	1/3	1	1/3	1/7
U_{14}	1/4	1/2	3	1	1/6
U_{15}	5	5	7	6	1

$$W_1 = \begin{bmatrix} 0.0874 \\ 0.1726 \\ 0.4541 \\ 0.2502 \\ 0.0357 \end{bmatrix}$$

$CR = 0.0713 < 0.1$

表 7-7　　　　　　　　　判断矩阵求 W_2

U_2	U_{21}	U_{22}	U_{23}
U_{21}	1	1/2	1/3
U_{22}	2	1	1/2
U_{23}	3	2	1

$$W_2 = \begin{bmatrix} 0.5396 \\ 0.2970 \\ 0.1634 \end{bmatrix}$$

$CR = 0.0088 < 0.1$

同理，构造第三个判断矩阵，以第三层次中的各个元素相对于第二个层次的重要程度为依据，在这里将最后的过程忽略掉。最后计算出全部应收账款质押融资的风险评价指标体系权重，如下表 7-8。

2. 专家判断各指标的评价等级

由 10 位银行信贷专家、5 位行业分析咨询人员、5 位企业高层管理人员组成的评估专家小组通过统计数据、财务数据的比较以及观察、调查和访谈等方法结合指标评定标准来对每个指标的等级作出判断。

3. 汇总专家判断，构建模糊评价矩阵

通过汇总评价小组的评价等级结果，构建模糊评价矩阵如下：

$$R_{11} = \begin{bmatrix} 0 & 0 & 0.2 & 0.6 & 0.2 \\ 0 & 0.2 & 0.7 & 0.1 & 0 \\ 0 & 0.1 & 0.1 & 0.3 & 0.3 \end{bmatrix}, \quad R_{12} = \begin{bmatrix} 0 & 0.1 & 0.3 & 0.5 & 0.1 \\ 0 & 0.1 & 0.5 & 0.4 & 0 \\ 0 & 0.1 & 0.6 & 0.2 & 0.1 \end{bmatrix}$$

$$R_{13} = \begin{bmatrix} 0 & 0.1 & 0.5 & 0.4 & 0 \\ 0 & 0.1 & 0.4 & 0.4 & 0.1 \\ 0 & 0 & 0.1 & 0.5 & 0.4 \end{bmatrix}, \quad R_{14} = \begin{bmatrix} 0 & 0.2 & 0.5 & 0.3 & 0 \\ 0 & 0.1 & 0.4 & 0.5 & 0 \\ 0 & 0.2 & 0.1 & 0.5 & 0.2 \end{bmatrix}$$

表 7-8 应收账款质押融资模式风险评价指标体系权重

第一层次	第一层次指标权重集 W	第二层次	第二层次指标权重集 W_i	第三层次	第三层次指标权重集 W_{ij}
应收账款质押融资模式风险评价指标体系 U		企业基本素质 U_{11}	0.0874	领导者素质 U_{111}	0.2385
				员工素质 U_{112}	0.1365
				企业整体管理水平 U_{113}	0.6250
		运营能力 U_{12}	0.1726	应收账款周转率 U_{121}	0.5936
				流动资产周转率 U_{122}	0.2493
				总资产周转率 U_{123}	0.1571
		偿债能力 U_{13}	0.4541	资产负债率 U_{131}	0.5714
				利息保障倍数 U_{132}	0.1429
				流动比率 U_{133}	0.2857
		盈利能力 U_{14}	0.2502	销售利润率 U_{141}	0.5499
				总资产利润率 U_{142}	0.2098
				净资产收益率 U_{143}	0.2402
		发展前景 U_{15}	0.0357	销售收入增长率 U_{151}	0.7604
				净利润增长率 U_{152}	0.1441
				总资产增长率 U_{153}	0.0955
主体评价——中小企业供应商实力 U_1	0.25				

续表

第一层次	第一层次指标权重集 W	第二层次	第二层次指标权重集 W_i	第三层次	第三层次指标权重集 W_{ij}
应收账款质押融资模式风险评价指标体系 U					
债项评价 U_2	0.75	应收账款特征 U_{21}	0.5369	购销合同有效性 U_{211}	0.3239
				价格虚高风险 U_{212}	0.1105
				应收账款的账期 U_{213}	0.1043
				换退货记录 U_{214}	0.0672
				融资企业环账率 U_{215}	0.3940
		核心企业（应收账款债务人）状况 U_{22}	0.2970	信用状况 U_{221}	0.5233
				行业特征 U_{222}	0.1612
				营运能力 U_{223}	0.0702
				偿债能力 U_{224}	0.1579
				盈利能力 U_{225}	0.0874
		供应链运营状况 U_{23}	0.1634	上下游企业合作密切程度 U_{231}	0.60
				以往履约情况 U_{232}	0.20
				信息共享程度 U_{233}	0.20

$$R_{15} = \begin{bmatrix} 0 & 0.3 & 0.6 & 0.1 & 0 \\ 0 & 0.2 & 0.7 & 0.1 & 0 \\ 0 & 0.2 & 0.8 & 0 & 0.1 \end{bmatrix}, R_{21} = \begin{bmatrix} 0.6 & 0.3 & 0.1 & 0 & 0 \\ 0.3 & 0.5 & 0.2 & 0 & 0 \\ 0.6 & 0.4 & 0 & 0 & 0 \\ 0.5 & 0.5 & 0 & 0 & 0 \\ 0.6 & 0.3 & 0.1 & 0 & 0 \end{bmatrix}$$

$$R_{22} = \begin{bmatrix} 1 & 0 & 0 & 0 & 0 \\ 0.44 & 0.44 & 0.1 & 0.02 & 0 \\ 0.4 & 0.5 & 0.1 & 0 & 0 \\ 0.1 & 0.1 & 0.8 & 0 & 0 \\ 0.1 & 0.7 & 0 & 0.2 & 0 \end{bmatrix}, R_{23} = \begin{bmatrix} 0.4 & 0.5 & 0.1 & 0 & 0 \\ 0.5 & 0.2 & 0.2 & 0.1 & 0 \\ 0.2 & 0.6 & 0.2 & 0 & 0 \end{bmatrix}$$

4. 进行模糊综合评价

$B_{11} = W_{11}R_{11} = (0, 0.0898, 0.3307, 0.3442, 0.2352)$

$B_{12} = W_{12}R_{12} = (0, 0.1, 0.397, 0.4279, 0.0751)$

$B_{13} = W_{13}R_{13} = (0, 0.0714, 0.3687, 0.4151, 0.1178)$

$B_{14} = W_{14}R_{14} = (0, 0.179, 0.3829, 0.39, 0.048)$

$B_{15} = W_{15}R_{15} = (0, 0.276, 0.6335, 0.0905, 0)$

$B_{21} = W_{21}R_{21} = (0.5601, 0.3459, 0.0939, 0, 0)$

$B_{22} = W_{22}R_{22} = (0.6468, 0.1830, 0.1669, 0.0032, 0)$

$B_{23} = W_{23}R_{23} = (0.38, 0.46, 0.14, 0.02, 0)$

$B_{24} = W_{24}R_{24} = (0.231, 0.363, 0.231, 0.099, 0.066)$

$B_1 = W_1R_1 = (0, 0.1122, 0.3833, 0.3932, 0.099)$

$B_2 = W_2R_2 = (0.5549, 0.3152, 0.1229, 0.0042, 0)$

$B = WR = (0.4162, 0.2645, 0.188, 0.1015, 0.0248)$

因此应收账款质押融资模式下银行等金融机构提供的质押率：

$\beta = v_1 + v_2 + v_3 = 0.4162 + 0.2645 + 0.188 = 0.8687$

二、案例2：应收账款质押融资风险控制案例

(一) 案例背景①

W公司于2003年成立，并以3000万元人民币作为注册资金，公司主

---

① 房友军：《应收账款质押融资的风险控制：莱芜案例》，载《金融发展研究》2010年第11期。

要从事有关大型建筑材料的销售。公司经过六年半时间的经营发展，使总资产达到了 3.7 亿元，这些资产中，主要以流动资产为主，占到了企业总资产的 75%，相对而言，像厂房、机械设备等固定资产比较少，只有 0.56 亿元的固定资产，同时，公司的债务达到企业总资产的三分之一。

最近几年，W 公司把经营的重心放在了生产经营规模的扩建，进行固定资产投资，但由于土地手续不齐全等问题导致其投资的固定资产项目不仅占用了大量的资金，还没有正式进入生产运作阶段。之后，W 公司由于经营不善、投资又占用了大量的资金，导致企业的运营不能正常进行下去，并基于其企业自身的融资额度和向外的担保额度都比较大，而本身又没有能力归还贷款，致使企业已经放弃了正常经营，想要逃避银行的债务，进行资产的转移，从而导致企业的法定代表人名下只剩少额的资产了。

另外的 A、B、C 三家与 W 公司存在应收账款关系的企业现在的情况是：A 公司，以经营钢材等的批发零售为主营业务；信用评级公司曾在 2005 年将其评为 A 级；有 1490 万元的银行未结清贷款；并且从无不良信用记录。B 公司，有 3000 万元的总资产；贷款业务全部结清了，信用良好，没有出现过不良记录。C 公司成立相对较晚，于 2006 年建立，以 500 万元作为最初注册资本，主要经营大型钢铁等，有 100 万元的银行贷款未结清；曾在银行有过欠息的记录。

A、B、C 三家公司和 W 公司均有正常的业务往来，由于 W 公司的市场占有率和影响力相对较大，因此它可以利用自身的优势购买到价格相对优惠的钢材，然后相应地提高一些价格再转销售给这三家在内的小公司。

2009 年 9 月 17 日，由于资金的流动性不足，莱芜市 H 银行收到了 W 公司关于办理应收账款做为抵押的贷款业务，应收账款主要来自于与 W 公司有业务往来的 A、B、C 公司。H 银行目前主要拓展应收账款质押融资业务，因为该业务以真实贸易为基础，也即它的风险性是相对较小的，所以 H 银行在最近的两年内已经实现了 2 亿多元的应收账款质押融资业务，而且没有不良贷款出现。在这三家公司良好经营状况和足够经济实力的支撑下，他们纷纷确认了该应收款项，并作出保证在一定期限内把货款打到银行的指定账户，同时到期时 A 公司也要承担一定的连带责任。

H 银行和相关人员签订了有关的书面文件，并对这三笔应收账款是否被质押、转让都在中国人民银行的应收账款质押登记公示系统中作了对应的查询。在确保未转让、质押的前提下，经办人员对这业务进行了系统的登记，具体有质权人、出质人的信息，应收账款的具体内容、时间等，并以打印版的登记证明作为凭证。之后，W公司收到H银行发放的为期7个月，额度高达726万元的贷款，用作材料的选购。

在2010年的时候，W公司作为担保人，替其他公司贷款，结果由于一些原因，W公司要承担连带责任，追索代偿和资产保全总共加起来，W公司要赔偿2250万元，由于巨大额度的现金赔偿，导致W公司资金紧缺无法运营下去，同时无法还款，形成了不良记录，应收账款也无法追回。根据有关部门的调查，该项贷款无法按时偿还的主要原因是，W公司的法人代表张某早已私自向A、B、C三家公司收了公司的应收账款，但是他却没有及时将收回的资金存放入H银行的指定应收账款账户中，导致贷款没有及时归还，损失了还款的资金来源。这一事件发生后，H银行将W公司和A、B、C三家公司一起起诉到了当地的法院。

H银行将起诉书交到法院之后，法院认为H银行的证据是不够充分的，理由是没有中国人民银行的公章证明登记报告的真实性。随后中国人民银行的征信工作人员在系统中查询后确认，H银行对这三笔应收账款确实作了登记，因此开出了查询属实的证明。法院采纳这一证明，H银行才得以保全了726万元的贷款。

(二) 案例剖析

在我国，应收账款质押融资业务刚刚起步，关于应收账款质押的案件数量也不是很多，故W公司的这一案件还是很特殊的，并且通过这一案例我们也可以总结出很多的经验和教训，来控制信贷风险的发生。

1. 风险发生的主要原因：信息不对称

从案例中可以了解到，W公司是一家中小型企业，并且从事的主要是钢材贸易，由于受国际形势的影响，在2008年以前，企业不断地进行投资，把重心放到企业的规模扩建上，但是自2009年起，由于市场环境的变化，需求发生了改变，再加上公司的经营管理不善，导致资金短缺，因此办理应收账款质押融资业务。这些信息，是H银行在发放贷款之前都作过相应了解的。但是，很显然，H银行并没有及时了解到贷款发放后W公司的有关运作情况，这包括资金周转困难、资产秘密转移等一系列问题，直至该企业发生严重的经营问题，企业受到多家银行的起诉，H银行才意识到了所贷方的资金存在着风险。

2. 风险可以得到有效控制

法院在接收到 H 银行的起诉后,对于案件中所提到的问题都进行了全面的调查,并作出借款合同、应收账款质押合同都是真实并具有法律效力的判定,并指出它们是符合《物权法》、《担保法》的有关规定的,由于没有中国人民银行的公章,导致质押报告证据不充分。归根结底也即是查询报告和初始登记都是没有加盖中国人民银行或中国人民银行征信中心的公章的普通格式文,并没有法律效力。好在这一情况最终得以顺利解决,H 银行的资产也得以保全。

通过本案的论述,很显然应收账款质押相对其他的信贷业务来说优势更加明显。虽然 W 公司的大部分资产已经被转移,并且该公司也已经失去偿还贷款能力,但是由于 A、B、C 三家公司违背之前的相关承诺,因此要承担相应的连带赔偿责任。而这三家公司的还款实力,能够实现商行信贷资产的保全。这样就在一定程度上降低了信贷的风险。

3. 应收账款质押的风险控制方法

对应收账款质押风险的控制首先应该考虑的是对资金流的控制(应收账款对应的),这也是在办理这一业务时通常都采取对应收账款的账户进行特殊的监管措施的原因,当然其他的权利质押是没有进行这种监管的必要的;与此同时,应收账款的质押是用一种请求权去为另一种请求权做担保的,这也是为什么必须将应收账款的债务人归入应收账款质押规章中的一个原因。

(1)要指派专业人员实地对买方的经营状况、信用等级进行考察。应收账款是买卖双方在交易中产生的,其实就是一种债权关系,也就是说要使自己的权利得以实现,那么只能是请求应收账款的债务人进行一定款项的支付,而不享有对某种特定物质进行直接控制和处理的权力。

(2)办理业务时要层层把关,由专业人员进行专业操作。与传统的贷款融资业务不同,应收账款质押融资作为一种新颖的业务模式,银行在进行业务办理时,需要关注的重心发生了转变,从重点关注单一企业的固定资产和规模大小,到主要跟踪企业的生产经营、运营管理状况。商业银行在办理业务时,要在思维方式、设计流程上都要有所改变,以实现对风险的控制。

(3)质权设立后的后续管理工作也很重要。质权设立后,发放贷款的银行仍应该对应收贷款的相应履行情况作很好的追踪与监督,及时了解出质人的相关行为,监督它按照合同的规定及时履行自己的义务,并督促出质人及时请求付款，避免诉讼超时的情况发生。同时还要密切监管资金流在各个企业之间的相关情况，及时关注可能出现的各种情况，以保障银行自身和企业的利益，并要特别注意出质人与该债务人故意串通导致质权人利益受损的情况。

第八章 保　　理

第一节 概　　述

一、保理的起源

现代意义上的保理业务起源于19世纪的美国和欧洲大陆。

英国的《牛津简明词典》将保理定义为一种行为，这种行为是指通过在他人那里按照相对比较低的价格购买进此人的某些债权，并且通过这些债权的收回获得收益。该定义明确了保理商从事保理活动的利益，但是却没有表明债权所有人发生这一行为的动机，同时也忽略了保理这项业务的特点和功能。由于这一定义相对来说是比较宽泛的，因此在实际的生活中，并非所有的有债权转让性质的行为都可以被称之为保理。

美国的《金融和投资词典》将保理解释为一种金融方式。在该业务中，公司按没有追索权的方式把它自身的某些债权进行销售或者转让，此时保理公司就变成了主要的债权所有者，而不单单是代理人的身份，也即当转移的债权不能及时收回时，保理商是不能够向出售债权的企业要求付款的。该定义同时也具有一定的局限性，因为它只是说明了没有追索权时的情况，而忽略了附有追索权的情况。在美国曾出版过一部《商业律师》著作，该书中提出保理业务是保理商对企业所提供的一系列服务，这一服务主要针对的是企业由于提供货物或服务的过程中所涉及的应收账款，具体的服务内容有：通过现金交易的应收账款；分账户的管理、销售等其他服务；应收债款的收回；对坏账损失的处理。这一解释突出了保理业务的功能及其范围，缺陷则是没有解释保理最基本的含义。除此之外，该定义并没有限制保理的使用范围，但是在实际当中，保理商并不将以下三种情况作为保理业务，一是债务人是由于私人的消费而产生的应收账款，二是应收账款的融资时间大于6个月，三是应收账款的支付采用分期的方式。

英国在保理理论方面具有权威性的威弗瑞迪·萨林格（Freddy Salinger）曾在《保理法律与实务》这一著作中提出，保理是保理商与债权买卖双方之间的一种债权、债务的关系。

国际统一私法协会的《国际保理公约》和国际保理商联合会的《国际保理通则》这两部文件具有一定的权威性。1988年的《国际保理公约》指出："保理合同是供应商与保理商之间订立的合同"，根据该合同：供应商可以向保理商转让由供应商与其客户所订立的销售合同而产生的应收账款，但供个人及家庭消费产生的应收账款除外。保理商要履行下列职能：（1）为供应商融通资金；（2）管理销售分户账；（3）代供应商向债务人收回应收账款；（4）提供坏账担保。将应收账款转让的通知送交债务人。而《国际保理通则》在2005年7月修订版中提道："保理合同是一种契约，供应商向保理商转让其应收账款，无论其目的是否为了获得融资，至少要满足以下职能之一：销售分户张管理，催收账款，坏账担保。"上述的两部文件都是规定了保理合同的主要内容，并没有对保理的定义作解释。

二、保理的定义

保理，来源于英文单词"Factoring"，是"代收账款"的意思。按照区域可以将保理划分为国际保理业务和国内保理业务。

（一）国际保理业务（International Factoring）

国际保理业务由来已久，起初发展的保理业务都是在买卖双方处于不同国家的环境下进行的。因此由于不同国家的业务状况是不同的，因此不同国家关于保理业务的定义也是不尽相同的。

国际保理商联合会（FCI）定义为："保理是一个完整的融资整合，包括信用担保，应收账款簿记和托收服务。它是一项保理商和卖方之间的协议，根据该协议，保理商收购卖方的应收账款，通常是无追索地，并且承担债务人有财务能力履行付款的风险。如果债务人倒闭或者由于信用原因而无能力支付其债务，保理商将向卖方支付。当买卖双方在不同的国家时，该项服务就是国际保理。"[①]通常情况下，卖方都是指出口商，买方都是指进口商。这时，通常就会应用双保理的模式，也即由于出口的国家不同，相应的法律法规、业务习惯也就不会一致，故只依靠出口保理商是很

---

① 国际保理联合会（FCI）www.chain-factoring.com.

难实现保理业务的,出口保理商在这种情况下一般会和进口国本地的一些保理商进行合作,共同实现保理业务的发展。当然,该定义仅仅表述了保理业务的部分服务内容。

1998年,由国际统一私法协会通过的《国际保理公约》中指出,保理业务可归纳为出口商和保理商之间所具有的合约关系。按照该合约的约定,出口商将其所具有的一些应收账款出让给保理商,并由保理商给出口商提供相应的服务。具体的应收账款应是出口商与债务人之间由于提供货物或者服务而产生的。保理商所提供的服务应包含下列至少两项:

①贸易融资,也即保理商为出口商提供短期融资。具体而言是说出口商将其由于赊销产品获得的应收账款转给保理商,进而保理商为其提供资金支持。

②销售分户账管理,也即保理商为出口商提供相应的销售管理服务。当保理商和出口商之间对有关业务的办理达成一致后,双方之间签订保理合同,接下来,保理商要根据实际进程为出口商提供种种报表信息,包括应收状况的回收,不良账款的状况等,并且要帮助出口商进行销售管理。

③关于催收应收账款,也即保理商为出口商进行应收账款催收的活动。当出口商与保理商建立了合作伙伴关系后,保理商会利用其专业的工作人员、法律咨询等资源来帮助出口商实现资金的回收,提高出口商的经营效率与资源的充分利用。

④坏账担保与信用风险控制,也即保理商通过对债务人的考察给予卖方一定的坏账担保。具体来说是指当保理商和卖方达成某种合作关系后,保理商会根据实际情况不断调整并对卖方进行审核,关注卖方的资信状况还有应收账款的质量是否符合要求,在信用额度内,一旦有坏账出现,保理商要承担全部的责任。[1]

(二)国内保理业务(Domestic Factoring)

根据国际保理的定义,我们可以定义国内保理为买卖双方在同一国家,同一法律环境下进行的保理业务。具体而言,国内保理是保理商针对国内的贸易活动中的赊销行为提供的全面性金融服务。保理业务的产生是基于买卖双方销售过程中产生的相应的应收账款,当卖方将其应收账款转让给保理商后,保理商就拥有应收账款的所有权,要对应收账款进行催

---

[1] 《国际保理公约》第一条。

收,在盈利的同时也要承担坏账带来的一定风险。

保理是通过其提供的服务所展现出来的,最主要的内容就是回收应收账款然后提供相应的资金支持。显然,国内保理业务是一种综合性的金融服务,能为卖方提供全方位的服务,主要针对赊销业务。在一般的贸易赊销结算方式下,供货商通过订单或者合同交单发货后,只能等待购货方及时如约付款,如果不能履行合同,供货商将面临极大的损失,对于中小企业来说,货款的回收尤为重要,会影响后期的生产经营。因此,供货方在订立保理合同前,处于非常被动的状态。对于买方来说,买方公司的经营状况、实力水平、市场的占有率和影响力,还有资信状况等这些因素都会影响到欠款的偿还。但是,一旦卖方选择把应收账款卖给保理商,那么在所有权转移的过程中,风险也随之发生了转移。这样,供货商就可以着重关注生产经营,少了后顾之忧。

一般情况下,会有买方、卖方、卖方保理商和买方保理商共同参与到保理业务中。但是在国内,一般没有买方保理商的参与。

综上所述,保理业务是一种包含信用调查、商务结算、分账户管理、坏账担保和资金融通在内的全面性的服务业务。按照保理业务服务主体,可以将其业务概括为由银行提供服务的银行保理和由商业保理机构提供服务的商业保理两类。

三、保理的特点

(一) 以资金融资为基础

近年来,欧美国家大力发展保理业务,保理业务的服务项目也多种多样,但是对于卖方企业来说最根本的需求仍然是实现资金融资。目前,保理公司可以接受提供许多种类的融资方式,这就有利于企业选择更适合自己的融资品种,以实现财务成本的控制。

(二) 以客户资信状况为标准

保理业务在正常的开展过程中首先要考察客户的资信状况和传统的经营习惯,因为客户的资信条件如果不符合要求,保理公司的应收账款催收会出现瓶颈,导致亏损的危险。前面提到保理公司需要通过各种渠道如官方或民间的咨询机构、合作伙伴等获得债务方的资信条件和经营作风,从而应销售商的要求动态地评估债务方的信用额度。保理公司本身拥有先进的设备和专业的操作、判断人员,这些便利条件使得保理商具有商业优势,可以提供给销售商本身不能获得的资信报告,真实反映客户的现状。而且在新的信用额度批准之前,保理公司将承担此前已经发货的应收账款的坏账风险。对于供应商来说,这是减少贸易风险,迅速回笼资金的好方法。

(三) 以债权转让为形式

保理公司的融资以发票为依托,通常融资比例为80%,并且当保理商获得应收账款时,这部分的资金会先用于自身给付供应商的融资额度,然后再去掉业务办理的手续费、利息等,将剩余金额打入供货方账户。另有条款规定,保理业务形式下的债权转让依然有效,但是与此同时,也不可避免地会出现应收账款不能收回的情况,包括买方信用程度不高的风险以及债券的无效转让等风险。

(四) 以核定信用额度为标准

供应商通过国内保理业务将买方的资信风险转嫁给保理商,保理商首先对买方即客户的信用状况进行一定的了解,然后确定买方合适的信用额度,供应商按照相应的信用额度作为上限,对客户提供相应的商品和服务,同时保理商获得了保理业务融资大小的范围。买方的信用额度将反映买方所能够承担的风险额度,这一限额的确定是以买方的客户自身的资信状况及偿债能力为依据的,如果超出了这一限度范围,那么保理业务将面临风险,所以保理业务强调实时更新核准买方信用额度,使供货商的发货量控制在信用额度内,以降低坏账风险。否则,超出额度部分,保理公司将不予承担风险。另外保理业务还有融资的短期性、业务的综合性、服务的个性化等特点。

第二节 保理业务

一、保理业务的运作流程

保理业务的基本运作流程一般包括筛选客户、客户申请额度、征信、核准、签约对保、卖方转让债权、预支付金、账款管理、还款这九个步骤,如图8-1所示:

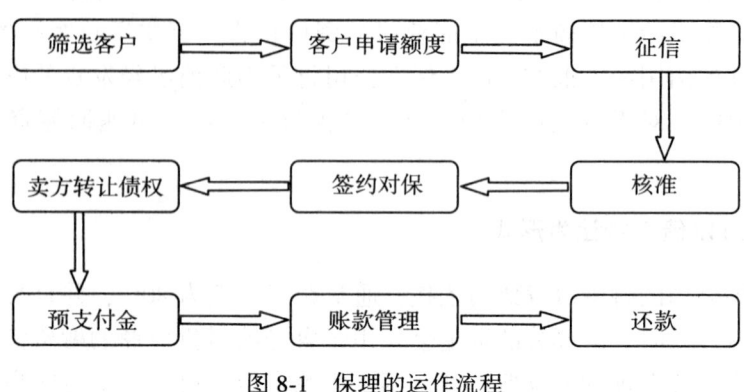

图 8-1 保理的运作流程

二、保理业务的价值

(一) 保理业务的功能

一般的,国内保理业务具有三大功能:融资功能、服务功能、保险功能。除此之外,国际保理业务还具备规避汇率风险的功能,随着保理业务的不断延伸和发展,保理商还提供信用调查和市场咨询服务。

1. 融资功能:保理预付款融资

在卖方打算转让应收账款的时候,在此之上,保理商为满足卖方的需求为卖方提供融资业务,这种融资方式是以买方到期支付的账款偿还卖方在保理商的融资本息。

2. 服务功能:应收账款管理与催收

保理商应收账款管理的主要任务是:(1)为卖方搜集、整理一些相关的信息和资讯。这些信息和资讯主要包括:应收账款的回收状况、是否有逾期账款和逾期账款的回收机制、买方赊销付款状况。(2)帮助卖方管理销售账户。催收应收账款,主要是说保理商可以依据保理合同,在一定时期(应收账款到期前后),提醒、监督卖方付款,而且卖方要对应收账款的催收进程有一定的知情权。催收的方式可谓是多种多样,不受什么限制,如:可以打电话、写信、主动上门等。

3. 保险功能:信用风险担保

这种担保主要是为一些坏账进行担保,通常是由卖方来申请,保理商通过对买方进行审核,确定信用担保额度,在这个额度内,一旦由保理商确定的应收账款到期了，但是买方可能会由于各种原因而不能够完全付清款项，此时这些担保的付款职责将由保理商承担，从而卖方可以免于法律追究。

(二) 保理业务的好处

1. 基于买方企业的优势

(1) 节约费用：免除了信用证押金和其他开证费用。

(2) 获得保理商的额度：凭自身良好的信誉和财务表现，可以获得信用额度，而不必提供抵押品。

(3) 及时将经销的商品投入市场：收到单据就可以提货，快速向市场铺货销售，及早回收货款。

(4) 财务调度的宽裕性：本身销售回收的货款，依事先与卖方约定的放款条件到期后才支付给保理商，财务调度更宽裕。

2. 基于卖方企业的优势

(1) 提高竞争力，增加贸易机会：利用保理业务，提供给买主更有利的"赊销"或"承兑交单"付款条件。

(2) 规避坏账风险：卖方把信用风险转移给保理商，卖方的债权可以获得100%的保障，排除了坏账损失。

(3) 节省成本：在保理业务进行过程中，保理商利用其完整的征信网络替卖方查核买方顾客的信用，为卖方节省了调查买方信用的昂贵成本。

(4) 迅速获取融资：能减少资金占用以满足营运需求，加速资金周转，增进营业收入，随着业务成长，融资额度同步成长，无时间落差。

(5) 有利于企业充分利用其资产，加速现金流量，提升经营效率，润饰财务报表。

(6) 卖方可根据本身公司的实际需求，要求保理商提供全部或部分服务项目，因此，保理业务具有较强的适应性和灵活性。

三、保理业务的适用要求

(一) 适合使用保理业务的客户

从保理商的观点来看，适合办理保理业务的买方为信誉良好的大中型优秀厂商，尤其以处于供应链中心位置的厂商为佳，适合办理保理业务的卖方，则以销售对象为国内外知名优秀厂商、本身营运正常且业务持续增长、所处产业整体营运维持正向发展之大中小型企业，尤其以中小企业为主，只需注意企业的获利能力，是否能吸收保理业务的利息及费用，如表8-1所示：

表 8-1　　　　　　　　　不同客户适用的保理业务

	小买方	大买方
小卖方		传统客源供应链融资/应付账款融资
大卖方	销售商应收账款融资/管理	发债财报需要调整/维持财务比例、上市前美化财务报表、季节性/短暂性资金需求、避险、ABCP、联合保理

(二) 客户申办保理业务的条件

(1) 经管理机关核准登记，具备独立的法人资格；

(2) 与卖方(债务人)有稳定的货物买卖或服务关系，应收账款总额超过100万元人民币；

(3) 资信良好，具有发展前景，销售渠道通畅或服务具有持续性；

(4) 货物买卖或服务关系合法、有效、真实，履约各方没有争议；

(5) 买方(债务人)信誉良好，具有履约能力；

(6) 应收账款权属清楚，没有争议，不受抵销权、质押权、留置权、抵押权的影响；

(7) 货物买卖和服务合同中没有对应收账款禁止转让的条款；

(8) 应收账款账龄结构合理，坏账比例适度，对风险能有效预测和控制。

(三) 客户申请保理的资料

(1) 企业法人营业执照、税务登记证、组织机构代码证、开户许可证、贷款卡、各类经营许可证的复印件，开立账户信息；

(2) 当年(季、月)资产负债表、利润表、现金流量表、纳税申报表的复印件；

(3) 货物买卖或服务合同的复印件；

(4) 债权凭证的复印件；

(5) 发票的复印件；

(6) 货物发运凭证或履约凭证的复印件；
(7) 买方（债务人）的信息；
(8) 保理商需要客户提交的其他文件或单据。

第三节　保理的风险及其控制

一、市场风险及对策

（一）汇率风险

保理业务并不只是国内的，也有很多的国际业务，当进行国际保理业务时，就会出现货币贬值或者升值等情况。进口商和出口商面临的交易货币可能并不是自己的记账货币，汇率的波动就会给进口商或者出口商带来一定的风险，当还债的期限到了的时候，如果汇率的波动对进口商不利，进口商就需要支付更多的本币以换取一定金额的外汇，反之，对出口商来说也是如此。

（二）利率风险

保理业务提供的融资服务的利率是固定的，融资的期限一般少于六个月，在这个时期内，虽然对保理商来说，收益率是不变的，但是资金成本却是在不断地变动着。作为固定利率资产和浮动利率负债结合在一起的保理业务，必然会存在着利率风险。

（三）价格/质量风险

在现在这个社会，买卖双方会经常为了一些合作的情况发生争议，有时是因为商品的质量，或者是价格，有时是合同的实际推进状况，在这种情况下，其实存在信用风险。

以下几种是对于市场风险，应该采取的措施：

(1) 进出口商和保理商可以通过外汇远期交易、外汇期权交易和外汇互换交易等交易方式来避免和转移汇率风险。

(2) 为了应对有关利率所带来的风险，一方面，要充分发挥高层领导者的作用，制定严格的监管体系来密切观察利率的浮动，一旦发生变化要勇于决策，采取相应措施做到风险最小化，同时要使保理业务期限结构与币种结构及其所承受的利率风险水平得到有效控制。另一方面，要建立科学的利率风险测算与监控系统。

（3）对于质量价格带来的有关风险的控制，最主要的就是要对所进行的保理对象进行缜密的核查，选取保理的产品时应注意选择那些不带特殊附加条件的，不选择那些由于自身的一些属性容易使买卖双方出现争议的商品。

二、信用风险及控制

信用风险对于卖方和买方来说，均是存在的，对于卖方来说，主要面临着当合作关系发生后，买方单方面的中止合作或者是由于各种原因的存在，如：市场价格的变化，在卖方发运货物后，买方以各种理由故意拖欠货款，有的甚至不予付款等方面的风险。

对于出口保理商来说，面临的信用风险主要有以下两种情况：一是来源于进口保理商，其可能具有一定的信用风险；二是发生在进口商和出口商之间的风险。这两种风险主要表现在故意诈骗钱财，中途中止合作或者洗钱等方面的风险。

我们应对信用风险的对策，主要有以下几种：

（1）定期或者不定期地经常查看企业的财务状况，尽可能地预防或者消除资金方面带来的风险。

（2）不定期地对企业进行考察，企业的任何一些变革都会对应收账款的偿还造成影响。进行实地考察，经常监控企业的一些重大变化，如：人员的调整等，及时觉察这些变化可能给还款造成的影响，并根据这些变化及时采取措施进行防范。

三、操作风险及控制

有关操作方面的风险，主要有以下五种情况：

（1）保理的品种存在问题，可能不是很合适；

（2）没有严格对发票进行审查和核对，导致问题发生；

（3）并不是所有的应收账款都可以用来作保理业务；

（4）没有及时通知应收账款的转让等情况；

（5）还款时出现问题，没有严格把控还款渠道。

控制操作风险，应从以下两个方面入手：

（1）分工明确，责任到人。

保理业务办理的每一道程序都不容有半点疏忽,一笔完整业务的办理都需要相应职位的人员认真对待,这些岗位的工作人员之间要分工、配合,层层把关,做好自己的本职工作,这样才能有效地降低操作方面的风险。

(2)重点管理重要业务环节。

一笔完整的保理业务的办理涉及十多个环节,程序比较多,流程比较复杂,对重要环节加强管理,严格把关,细分、明确这些环节的任务,防止出现失误和漏洞,这样对操作环节的风险控制也是有帮助的。

四、法律风险及控制

(一)合同风险

合同风险主要表现在以下几个方面:

(1)由于债权的转让所导致的风险。如销售商在何时、何地进行交货,或者交货后的有关售后方面的问题等这些内容,保理商可能并没有在合同中明确规定,这些要求不会因为债权关系的转让而随之转让,所以由于债权关系的转让,这些服务很可能要保理商来承担;

(2)有关应收账款的转让所导致的风险。应收账款是否可以转让,在卖方和买方的合同中是否已经提前约定,这关系到保理商能否和销售商之间将应收账款进行转让,然而有的保理商在选择客户时并没有注意到这一点;

(3)有关债权抵消所导致的风险。在买卖合同中是否明确规定有关抵销权的行使,有的保理商并没有要求,这就可能导致买方在一定时期内用对销售商的债权抵销转让的应收账款,由于保理商没有追索权,这种情况下就会导致保理商的利益遭到破坏。

(二)购买债权的合法性风险

保理商办理的债权业务要求债权必须是符合法律规定的,合法性也是债权转让的基础。如:商品是否具有出口权等,我国的法律中都有明确的规定。

(三)债权转让中权利瑕疵的风险

当以下这些情形发生的时候,就要注意债权转让中的权利问题。

(1) 应收账款被卖方重复抵押；

(2) 债权被卖方重复转让；

(3) 在进行债权转让中，没有将与债权有关的其他权利一同进行转让，例如：强制收款权、留置权、抵销权、背书权等一些权利。

(四) 强制追偿方面的风险

买方付款的前提下，银行才能进行应收账款的追偿，但是如果买方以种种借口不进行付款，此时保理商只能通过法律诉讼程序来强制追偿，诉讼费用作为保理商的支出成本，强制追偿也有一定的风险，需要法院的支持，即使得到当地法院的支持，买方并不一定有足够的可清查财产，这些都是强制追偿方面的风险。

(五) 法律适用方面的潜在风险

这个方面的风险通常发生在国际保理业务中，因为在国际保理业务中，买方和卖方之间依据法律签订的合同，保理商并不一定特别了解和精通，同时对应收账款之间的法律适用性不清楚，将直接对保理商自己权利的维护形成障碍。

可以采取如下的对策，来控制其中的风险：

第一，保理商对应收账款的性质进行严格的把关，对卖方不能对应收账款实现承诺的业务不给予提供保理服务，对有争议的应收账款慎重选择，一般而言，以下几种情况产生的应收账款，保理商要慎重考虑：

(1) 卖方将货物卖给与其关联的企业，也许会抵销买方与保理商之间债务；

(2) 债权发生在卖方没有违反合同约定的前提下，买方有权退货的这种买卖合同基础上；

(3) 用其他的销售方式产生的债权，这种销售方式比保理商同意审批更为有效灵活。

第二，在签订保理合同时，慎重仔细，对一些细节问题要求供应商作出承诺，例如，要求供应商作出如下承诺：所转让的应收账款债权没有任何权利瑕疵问题等。一旦供应商违反了承诺，保理商依照合同，有权通过投诉来维护自己的合法权益。

第三，签订应收账款的回购条款。在应收账款期限内，如果款项没有能够完整地收回，供应商必须从保理商处购回该应收账款（按照约定的价格）。①

第四节 案例分析

沈阳沈北创展金融服务集团有限公司（以下简称创展集团）成立于2009年11月，是沈阳农业高新区国有资产经营有限公司（简称沈北国资公司）出资成立的全资子公司，截至2010年年底，公司注册资本金7亿元，拥有子公司6家。公司以金融为主业，代表沈北新区区委、区政府承担建立和完善沈北新区地方金融服务体系的重任，其业务范围已经涉及担保、股权投资、企业债券、资产管理、租赁、典当和咨询服务等多个领域。创展集团致力于成为东北地区及环渤海经济圈富有市场竞争力和影响力的金融综合服务提供商。

截至2009年年底，全国进行保理业务的银行有28家。其中有1家银行加入了国际保理商联合会，简称FCI，完成国际保理业务量达到了250亿美元，国内保理业务量达到了5700多亿元人民币，比2008年增长113%。而现有的非银行商务保理公司有23家，其中天津21家，北京、上海各1家，主要经营国内保理业务。2010年全年营业额只有数十亿元人民币，市场占有量还比较小。根据数据表明：在中国，2013年，新注册了284家保理公司，到2014年9月为止，商业保理公司有700多家，可见，保理公司的发展还是很迅速的，同时《中国商业保理行业研究报告2013》表明，根据有关专家的预测，在2016年到2018年之内，商业保理这个行业的年营业额将突破5000亿元人民币，保理行业占国内外贸易总额的比重将会不断增加。②

一、天津鼎石保理有限公司运营模式

天津鼎石保理有限公司（简称鼎石保理）将主要为企业提供资金融通、资信评估、销售账户管理、信用风险担保、账款催收等一系列服务的综合金融服务方式。其主要的运营模式是单保理模式和双保理模式。

---

① 冯莹：《保理业务风险分析及其防范对策》，载《上海金融》2006年第10期。
② 毛宇丹：《上半年银行保理业务量降逾一成虚假贸易骗款银行纷纷担责》，载《证券日报》，2011-11-04。

(一) 单保理模式

销售商向鼎石保理提出申请,签订保付代理协议。由鼎石保理对购买方进行资信调查评估,并承担买方信用额度内100%的收取货款风险担保;如果销售商在发货后、收款前有融资要求,鼎石保理将根据货款发票金额的一定比例给予短期货款融资;当付款期限到了的时候,购买方再将所有的货款付给鼎石保理,鼎石保理再将剩下的货款(减去相关费用和之前所付的费用)转入销售商的银行账户。单保理流程示意图如图8-2所示:

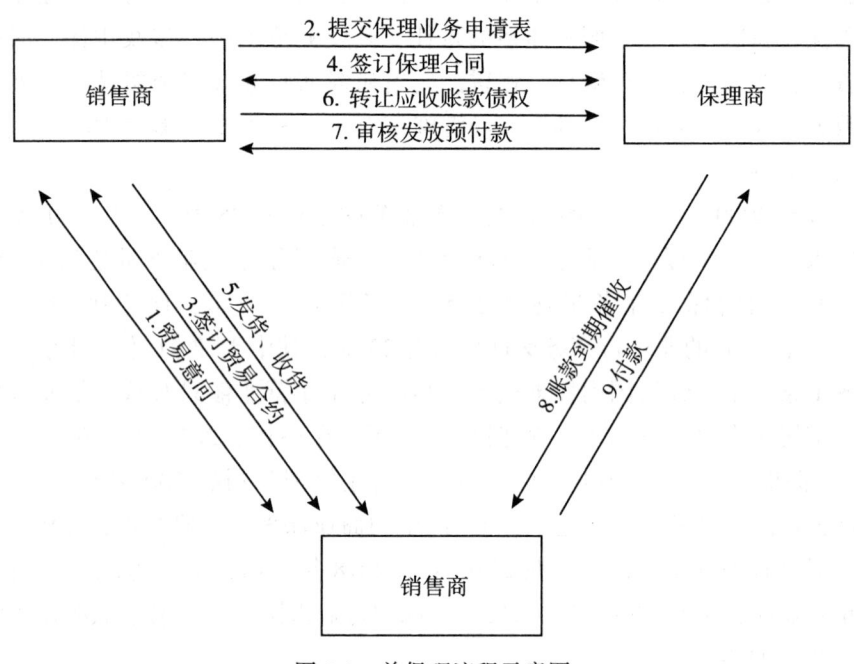

图 8-2 单保理流程示意图

(二) 双保理模式

出口商与鼎石保理签订保付代理合同;并寻找适合的进口保理商,接下来出口保理商将调查并评估进口商的信用,并且通知鼎石保理有关进口商准确的信用额度,然后鼎石保理再将这些告知给出口商,并担保进口商信用额度内全部的收取货款的风险;如果出口商在发货后、收到货款前有融资要求,鼎石保理将提供不足发票金额的五分之四的短期货款融资(以预付账款的形式);与此同时,鼎石保理要将应收账款的单据给进口保理商,让他们帮助催收货款,进口商必须将全部货款在应付账款期限内给进口保理商,进口保理商受到货款后再将全部款项付给鼎石保理;鼎石保理再转入出口商的银行账户(减去各种费用和预付账款)。双保理流程示意图如图8-3所示:

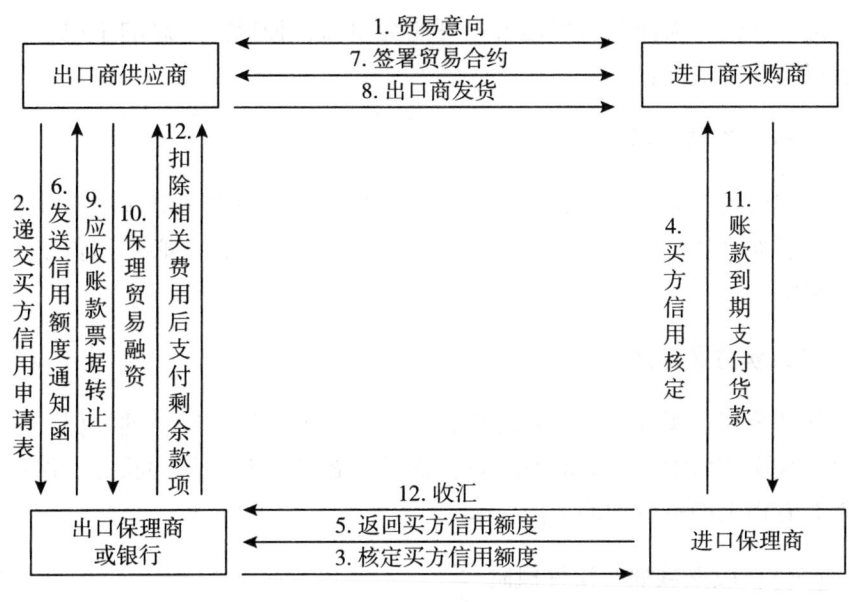

图8-3 双保理流程示意图

二、天津鼎石保理有限公司利润来源

(一)资信评估及信用风险担保服务费用

保理公司为销售商提供的针对购买商的资信评估服务,及在交易过程中所承担的收款风险担保服务而收取的相应比例的费用。

(二)融资服务收益

保理公司在为销售商提供基于应收账款债权出让的短期融资服务时,而收取的一定比率的利息收益。

(三)账款催收服务佣金

销售商不出让应收账款债权,而是由保理公司通过自身的专业能力代理销售商进行账款催收,在收款完成后所收取的一定比例的服务佣金。

三、天津鼎石保理有限公司面临的风险

运营期间,天津鼎石保理公司可能会面临各种风险,总的来说,主要的有以下几种情况:

(一)买方信用风险

保理公司有时会由于各种因素,造成对买方的信用情况作出不准确的判断,假如高估了其信用情况,因为承担了信用额度,就必须担负垫付资金的风险。

(二)卖方履约风险

保理公司在买入应收账款之后,一般卖方不会提供额外的担保,如果此时发现卖方所卖出的商品有质量方面的问题等一些其他的状况,保理公司就会有损失融资款项的风险。

(三)应收账款的合法性风险

合法是保理公司实现收款的基础,应收账款符合法律规定的情况下才能实现债权合法转让,但是如果应收账款不合法的话,保理公司也没有办法进行收款,没有权利。

(四)买方保理商的信用风险

买方保理商的资金有限,面临资金不足的情况也是有可能的,一旦发生资金不足的情况,保理公司也许得不到全额的担保款项,买方保理商如果破产,将会产生保理公司资金损失的风险。

四、天津鼎石保理公司的风险控制

沈北国资公司最早在2004年建立融信达担保和沈阳高新创投,后又相继成立了万邦担保、瑞阳投资(主营资产管理业务)、元辰租赁等金融类公司。经过多年的业务发展,创展集团借鉴国内外领先的金融风控管理经

验，制定了科学、有效、严格的项目风险评估系统和风险持续跟踪系统（包括对交易对手的资质评审、项目现金流匹配风险评审、不良资产处置等）；积累了丰富的金融业务操作经验，也培养了一批经验丰富的市场开发及风控型优秀人才。创展集团将在现有经验、制度、人才、IT信息建设等基础上，参考国内同业的先进做法，设置保理公司的管理风控架构、流程制度、人才培养机制等，建立一套健全的风险控制系统，确保新公司的风险可控和有序运营。同时，创展集团拥有政府背景和明显的地域优势，可以有效防控企业信息不对称性及交易管理等风险问题。

天津鼎石保理有限公司依托创展集团现有的风险控制体系，根据自身可能面临的风险，制定了一套完整的风险控制策略体系。

(一) 建立外部风险控制机制

1. 建立和完善保理业务的策略库

保理业务的开展根据市场环境的不同而灵活变化，尤其是鼎石保理成立之初，经验尚浅，业务开展前对风险的识别评估往往并不全面，为了避免风险损失的扩大，往往需要在业务开展过程中改变策略，以尽快收回应收账款为目的，降低风险损失。保理业务策略库的建立和完善，是鼎石保理弥补其风险控制经验不足的有效途径，是防止市场环境的改变对保理业务造成大规模风险损失的防范措施之一。

2. 建立应收账款合法性风险控制机制

应收账款的合法性是保理业务开展的前提，是连接买方、卖方和保理公司的桥梁，反映了卖方的资信状况变化。因而，保理业务中必须对应收账款存在的风险采取相应的控制措施，保证应收账款是合法的，同时是适合开展保理业务的。

(1) 鼎石保理在开展保理业务前，必须对应收账款进行深入分析，确定该应收账款是法律允许转让的，并且此应收账款的主体是同意将应收账款进行转让的。我国保理行业法律法规尚不完善，法律法规的不健全会影响应收账款的合法性，这就需要公司对相关法律和规章有一定的熟悉程度。

(2) 并不是对所有的应收账款都适合开展保理业务，因而，鼎石保理在确定应收账款合法性的同时，科学地筛选出适合开展保理业务的应收账款，能够有效控制应收账款风险，排除那些即将要过期的、可能发生债务抵销的、有争议的、已经质押的和因关联交易而产生的应收账款。

3. 建立行业调查机制，慎重选择保理业务开展的行业

激烈的市场竞争存在着大量可控和不可控的风险，鼎石保理根基未稳，必须在开展业务之前，对申请保理业务的行业进行详细审核。首先有必要采取较为保守的态度，选择那些价格波动较小的行业，以保证应收账款能够如期回收。待公司发展到一定的规模，再扩大行业范围，对那些周期敏感的行业开放业务。

(二)建立内部风险控制机制

1. 建立买方信用风险控制机制

买方信用风险是鼎石保理面临的主要风险之一，因而必须建立相应的控制机制，降低风险发生的概率，减少风险带来的损失，具体措施如下：

(1)开展保理业务前，对买方进行充分信用评估，对那些信用状况不良的买方，谨慎合作。然而，买方的财务状况可能随时处在变动的状态，时好时坏，为了确保自身获得的信息是完全且准确的，有必要建立一套科学合理的程序，来对买方的财务状况进行实时监控和跟踪，以减少买方信用出现变动给自身带来风险损失。

(2)在签订保理合同时，对合同条款进行严密审查，并提出声明，对于买卖双方因商品质量等问题而产生的贸易纠纷，保理商概不承担责任，也不会负担应收账款金额。

(3)若买方到期不能付款，则保理公司要承担风险损失。但并不是所有的到期不付款都是由于买方信用造成的，保理公司应对买方不付款的原因进行调查，是因为恶意拖欠，还是无付款能力，还是对商品或者服务不满意等造成的，从而对买方的信用作出公正的评价，以便为将来与买方的再次合作提供依据。

2. 建立卖方履约风险控制机制

在开展保理业务时，若因卖方履约不当而造成的风险，将由保理公司承担损失。而卖方履约不当可能是因为贸易争端，也可能是故意欺诈行为，其控制策略主要包括以下几方面：

(1)在客户选择阶段，对卖方的资信状况进行深入审查，排除那些信用不良的客户，将风险遏制在保理业务开展前。

(2)在签订保理协议过程中，要求卖方作出一定的承诺。如果卖方违反承诺，或者应收账款无法到期收回，则保理公司有权向卖方索取赔偿，或者要求卖方"回购"应收账款。

(3)与保险公司合作,将风险进行转移,从而减少自身风险带来的损失。若卖方故意欺诈而导致应收账款无法收回,事后通常早已逃之夭夭,或者宣布破产。此时,只有与保险公司的合作,才能分散风险,挽回部分损失。

3. 建立买方保理信用风险控制机制

天津鼎石保理在双保理运营模式中,主要担当卖方保理商的角色,在开展卖方保理业务的同时,存在着买方保理商的由于诚信不足或者故意欺诈而导致的信用风险和买方保理商倒闭的风险。因而,鼎石保理在制定买方保理信用风险的控制机制时,应当从以下几个方面着手:

(1)在选择合作的买方保理商时,需对其进行综合评价,选择那些经验丰富、信誉良好、经营状况和财务状况良好、抗风险能力强的保理商。优先考虑以前有过愉快合作经验的买方保理商,以进一步降低保理商的信用风险。

(2)要定期对买方保理商的财务状况进行监控,充分把握买方保理商的支付能力,当出现风险预警时,能够及时有效地采取措施,控制自身风险损失。

(3)在签订保理合同时,认真考虑专业人员的意见,对合同中的软条款提出自己的观点,争取达成一份比较合理的保理合同,这样能够有效控制因买方保理商和买方串通欺诈而导致的风险损失。

4. 建立业务流程的改造机制

鼎石保理刚刚成立,还没有独立完成一单保理业务,其业务流程的组建主要来源于同行业的其他保理公司,以及台湾专业的保理培训团队予以指导,但在实际操作中,必然存在着许多与现实业务不相符合的环节。因而,鼎石保理必须在今后保理业务的开展中,通过自身的实践,逐步对业务流程进行再造,以符合保理行业的发展。

5. 强调企业文化,加强员工风险意识,强化员工培训

企业文化是员工思想的凝聚,只有在企业文化中注入风险管理,才能加固员工的风险意识。同时,台湾保理团队对鼎石保理的培训不但能够给员工灌输有效地业务流程操作方式,也能加强其风险意识的培养,成为鼎石保理实现其风险内部控制的有效途径之一。因而,公司成立初期,有必要定期对员工进行培训,以规范员工操作流程,巩固风险意识。

第四编　基于货权控制的供应链融资

第九章 标准仓单质押融资

第一节 标准仓单质押融资概述

一、标准仓单质押融资的概念与特征

(一)标准仓单的概念与特征

标准仓单是用来提取商品的凭证,是指在交割仓库(期货交易所指定的)进行商品检验、在入库验收,确定商品没有问题之后,再签发的货物仓储证明,标准仓单具有统一的印刷要求,是交易所注册生效的实物提货凭证。目前我国共有大连、上海和郑州三家商品交易所。通常所称的标准仓单,也仅指由这三家交易所指定交割仓库开出,并在这三家交易所注册的标准仓单。[①]

《标准仓单持有凭证》是标准仓单的表现形式,是交易所开具的代表标准仓单所有权的有效凭证,是在交易所办理标准仓单交割、交易、转让、质押、注销的凭证,这种凭证是合法的,受到法律的保护。持有标准仓单的人当然也可以选择一个或多个交割仓库进行不同等级的交割商品提取货物。

按标准仓单的保管形式不同可以分为纸质仓单和电子仓单。纸质仓单是指由指定交割仓库签发、在交易所注册生效的纸质标准仓单。电子仓单的表现形式为《标准仓单持有凭证》,是依据《货物存储证明》开具的。由于电子仓单安全性、流通性更好,因此代表了标准仓单的发展方向。

标准仓单具有以下特点:
(1)由指定仓库签发给货主;

---

① 李金龙等:《供应链金融理论与实务》,人民交通出版社2011年版。

(2)商品入库之前先预报、再验收、进而在经过认定的交割仓库注册等完成后,仓单才正式生成;

(3)没有经过注册的仓单是无效的;

(4)持有人必须好好保管仓单,因为采用的是记名制。

(二)标准仓单质押融资的概念

标准仓单质押融资是指借款人以其自有的或者第三人合法拥有的标准仓单作为质押标的物,向银行申请用于其正常经营活动资金周转所需的短期人民币流动资金贷款的业务。如果借款企业不按规定偿还债务时,银行可以将这些标准仓单进行低价拍卖、变卖该仓单的价款优先受偿,这种做法是合法的,有明确的法律保障。标准仓单质押贷款占用借款人流动资金借款额度。

(三)标准仓单质押融资的特征

标准仓单质押融资对于企业(银行客户)和银行而言,都有成本低、风险低的优点。相比于动产抵(质)押,标准仓单融资手续简便,成本较低。

(1)准入条件较低,手续简便。不管是大型企业还是中小企业均可申请标准仓单质押业务。

(2)规避经营风险。对于企业(银行客户),这项业务不仅满足企业融资的需求,还可以满足企业规避经营风险的需求。对于银行,标准仓单流动性强,属于短期流动资金贷款,而且易于在客户违约的情况下,对质押(标的)物进行处置。

(3)期限可长可短,仓单可以置换。

二、标准仓单的适用标的物

标准仓单对应的货物具备价格波动大,供需量大、易于分级和标准化、易于储存和运输等特征。例如,上海交易所只接受铜、铝、锌、铅、黄金、白银、螺纹钢、线材、燃料油、天然橡胶十种货物;大连交易所接受大豆、豆油、塑料等货物;郑州交易所接受棉花、白糖等货物。

三、标准仓单的适用对象

标准仓单适用于通过期货交易市场进行采购或销售的企业,以及通过期货交易市场套期保值、规避经营风险的企业。借款人必须满足一定的要求才有资格申请标准仓单质押授信,主要有以下几个方面:

（1）申请人是具有一定数量自有资金、独立核算的企业法人、其他经济组织或个体工商户；

（2）应当对仓单上载明的货物拥有完全所有权，并且是仓单上载明的货主或提货人；

（3）以经销仓单质押下货物为主要经营活动，从事该货品经销年限大于等于一年，熟知市场行情，拥有稳定的购销渠道；

（4）申请人资信可靠，经营管理良好，具有偿付债务的能力，在各大银行均无不良记录；

（5）质押物必须符合国家相关标准，市场价格稳定，波动小，不易过时和贬值。

第二节　标准仓单质押融资的基本流程

一、客户申请

首先，借款人必须要银行提出申请，并且附有以下材料：

（1）借款人营业执照（正副本）、企业法人代码证、税务登记证、公司章程、贷款（证）卡原件和复印件；

（2）借款人、保证人上年度财务报表（包括资产负债表、损益表和现金流量表）和最近一期财务报表原件；

（3）拟质押标准仓单清单与权属凭证（复印件）；

（4）借款人有权机构关于借款及同意质押的决议原件；

（5）拟质押人担保意向书；

（6）借款人法人代表身份证复印件，有权签字人的签字样本。

二、银行受理和评估

银行接受借款人的申请资料，接下来进行调查、评估，划分借款人的规模；如果借款人的规模被定性为中小型的话，那么银行则可以依据"速贷通"业务有关规定给予借款人一定的借款额度；然而其他公司规模的客户程序要稍微复杂一点，首先要进行授信评估，然后在核定的额度内受理单笔标准仓单质押贷款业务。银行信贷审批部门根据经营部门上报的借款人的证明文件（贷款额度、期限、金额以及借款人提供的拟质押标准仓单数量等）进行审批。

第九章　标准仓单质押融资

三、信贷审批

标准仓单的信用审批和一般的信用审批没有多大区别，审查标准仓单的真实性主要注意以下几点：

(1) 标准仓单质押贷款的期限必须在标准仓单的有效期内，正常情况下融资期限少于半年，最长不能多于一年。

(2) 质押率会因人而异，因仓单而异，贷款质押率一般由借款人的信用评估状况和仓单对应的商品性质的差异来决定。

(3) 审查用作质押的标准仓单是否已作担保、挂失或转让，对应商品所有权是否有争议或已被法院封存。有上述情况的，不得用作质押物。

(4) 相应约束条款是否齐全。比如，为防范借款人所质押的标准仓单的市值跌破贷款本息，一般在贷款协议中都有相应条款对借款人的提款行为进行限定。常见的表述话语是：如遇市场行情变动导致质押的标准仓单市值下降而使质押率超过70%时，则尚未提款的剩余额度在质押率下降到70%以下前不得启用。

四、签订合同

借款人的借款条目被银行审批通过之后，《标准仓单质押贷款合同》和《标准仓单质押合同》就在银行和借款人之间签订了，同时，《资金使用监管协议》也必须要签订，签订这个合同的目的是为了杜绝借款人拿着这些资金在期市、股市进行投机交易。然后借款人也就有了自己的专门的交易编码，这个编码是由承办人开办的。

五、办理仓单质押登记手续

信贷审批通过后，要迅速为借款人办理仓单质押登记手续，此手续由进行标准仓单注册的交易所办理，办理完之后，交易所必须向银行出具书面证明文件。并且持有人要妥善保管，一旦丢失，不能挂失和补办，这在证明文件中明确标出。

质押登记承办银行(交易所所在地指定银行)与借款人之间填写《商品交易所标准仓单质押登记表》，承办银行填写《标准仓单质押登记业务申请表》，然后期货公司被授权人与承办行指定专人共同到交易所处理质押登记手续。交易所将标准仓单登记到质权登记及质权行使通道。交易所处理完质押登记手续后，打印《商品交易所标准仓单冻结单》和《标准仓单持有凭证》给承办银行。对于纸质标准仓单，出质人应将质物移交银行，经办银行应由专人负责接收、登记、保管。如果银行在交易所有席位，则可通过非交易过户将借款人合法持有的标准仓单移交至该席位下；如果银行在交易所内没有席位，则需转移至与银行开展合作的期货经纪公司名下。

六、贷款发放

等一切手续办完之后，贷款银行将凭借借款人持有的一系列手续，给借款人发放贷款。贷款银行发放的可能是一些表外业务，如：保函、信用证、银行承兑汇票等，此时则需要借款人在银行开立保证金账户，并且有一定数额的保证金存入其中。如果借款人进行的仅仅是借款业务，只需要办理开放相应账户即可。银行发放贷款，借款人必须满足相关条件，一旦违反以下其中任意一条，则贷款将不予发放：

(1) 在没有得到同意的情况下，借款人进行期货交易。
(2) 借款人从事的商品期货品种与其生产经营的不相符。
(3) 借款人因期货交易造成严重亏损。
(4) 借款人在自己的能力之外卖出或买入期货合约。
(5) 借款人用贷款资金来进行期货或者是股票等交易性行为。
(6) 借款人出现过信用问题。

七、贷后监控与管理

贷后监控的一个职责就是要密切关注质押物的价值波动，因为正如我们前面所讲过的，如果质押物的价值下降，那么将会导致信贷风险的产生，一旦实际质押率高于总行规定的警戒线时或者是一般的70%时，此后监管部门就要立即采用相应的措施以便于降低信贷风险，采取的措施一般有：一是催借款人偿还部分借款，二是增加仓单质押。

一方面，银行应做好派专业人员对与质押物相关的市场价值走向进行监控，而且应该做好随时变现等方面的工作。对标准仓单进行专业的管理，对档案进行归类整理，这样做好管理工作，使一切井然有序才能减少工作中的失误，为后面工作的顺利进行提供了保障。

另一方面，对银行而言，仓单质押期间，应该建立风险检测日报，密切关注仓单的市值走向，对每日的仓单市值的波动情况进行追踪监测，合理设置警戒线，一旦接近或者是低于警戒线时，就要及时地采取相应的措施，来降低标准仓单质押款中的各种风险。

八、贷款偿还

还款的期限到了，或者是还款期限还没有到但是借款人申请提前还款时，经过银行的同意后，借款人偿还全部的本金和利息。借款人偿还完之后，银行确认入账，然后应该办理质押物退还手续，承办银行与借款人，所在期货公司填写《解除标准仓单质押协议书》、《商品交易所标准仓单质押解除登记表》，共同到交易所将质押的标准仓单解除质押，并根据借款人的要求将标准仓单登记到原期货经纪公司。假如到期了但是借款人没有能力或者是不予偿还本金和利息，那么银行将有权力对质押物进行处理，变卖质押物所得到的资金可以作为借款人的本金和利息，如果变卖所得的金额不能足额支付本金和利息，那么银行可以继续向借款人进行追款，也有权力这样做。

第三节　标准仓单质押融资的法律关系分析

从图 9-1 中，可以看出：在标准仓单质押贷款业务中，借款人、贷款人、中介三方直接参与其中。在这之间，借款人主要是从事期货投机交易之外的其他行业，主要是一些商贸企业或者工业，从事的是进行原料地生产、加工和销售等工作；银行是主要的贷款人；然而期货交易所、期货经纪公司、交割仓库、担保公司等一般充当中间人，来进行期货交易①。

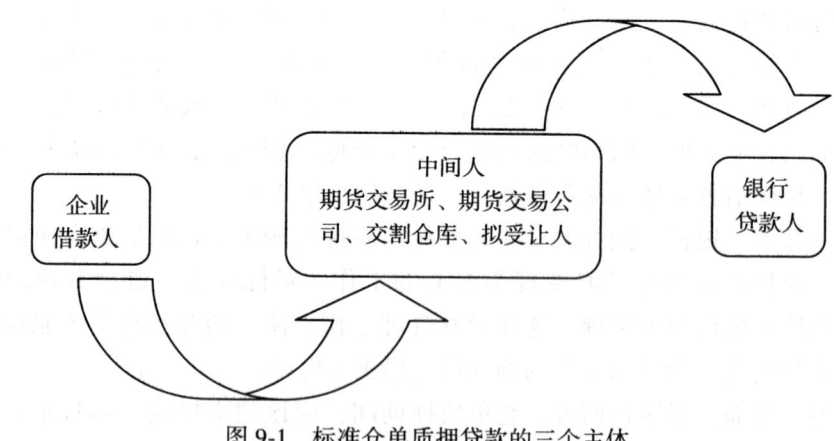

图 9-1　标准仓单质押贷款的三个主体

---

① 罗巧玲：《基于 VaR 方法的标准仓单质押率研究》，中南大学硕士学位论文，2009 年。

其中可能发生的法律关系主要有以下几种：

（1）发生在银行和企业之间的借贷合同关系，还有对借贷合同进行担保形成的权利质押合同关系。

标准仓单质押中的重要法律关系是借款人与贷款人之间的借贷合同，其他法律关系都是此关系的附属关系，都是在此基础上签订的。如图9-2中表明的，银行有双重身份，既是贷款人，又是质权人；企业不仅是借款人，也是出质人。

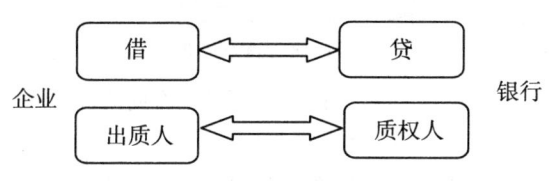

图 9-2　标准仓单质押贷款主合同关系

（2）借款人、期货经纪公司和银行之间的合同关系。

这三者之间形成的合同主要是为了帮助办理标准仓单的一些业务，这些业务只要有质押登记、冻结、解冻及变现过户等一些程序，用来确保质押的生效和推进实行。标准仓单必须在交易所经过严格的一道道程序的审查、审批，手续完成之后，银行才会接受办理质押贷款。但是，并不是任意的交易所都能办理标准仓单交割、登记、冻结、转让、注销等业务，这些办理资格只有会员单位才有，所以，这些手续，借款人只能委托期货公司进行办理。这个合同的具体关系可通过图9-3显示。

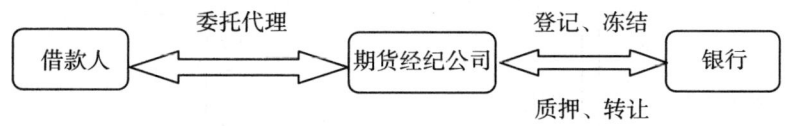

图 9-3　借款人、期货经纪公司和银行的合同关系

（3）银行与期货交易所的合同关系。

由于权利质押合同的标准仓单只有很少的实行纸质化，大部分都是无纸化的计算机管理数据，所以实际交付是没有办法实现的，到相关部门办理完质押物的登记注册手续后，质押关系才算真正意义上的实现。在相关的法律规定中期货交易所具有公示质押仓单的权力。具体关系如图9-4所表

示的，银行通过给期货交易所缴纳一定的费用，反过来，期货交易所为银行开通质押特别席位，当借款人把质押物押在该席位下之后，银行也便有了对质押物的所有权。当然，并不是所有的银行都能得到这种所有权，没有得到的话，银行则可以凭借质押合同向交易所发出特定的标准仓单冻结通知书，交易所审核后向贷款银行发出冻结承诺书，标准仓单质押即告登记完毕，保证了标准仓单质押业务的顺利进行。

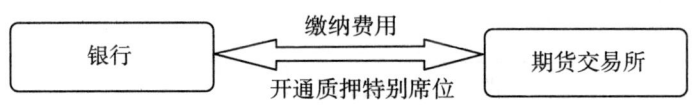

图 9-4　银行与期货交易所的合同关系

（4）银行、借款人及标准仓单受让人签订代为偿还借款的受让合同关系。

并不是所有的借款人都能在规定的期限内归还本金和利息，借款人到期不能足额归还本金和利息，银行则有权进行变现标准仓单，这种情况是存在的，因此就需要签订这种情况下的还款合同。银行、借款人和标准仓单拟受让人三者之间签订还款合同，规定还款期限到期时，如果借款人不能足额归还本金和利息，这种情况下，贷款将由标准仓单拟受让人来承担。当偿还完本息之后，银行将委托期货经纪公司将标准仓单转让给受让人，具体关系如图 9-5 所示：

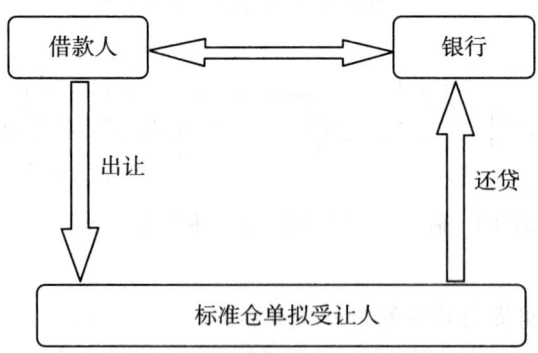

图 9-5　银行与借款人及标准仓单受让人的关系

所以，总的来说，标准仓单质押贷款业务不仅有除期货市场以外的资金运动，又需要期货交易的内部循环系统给予安全保障，各个主体之间紧密相连，一环扣着一环，这样才为标准仓单的顺利执行提供了保障。

第四节　标准仓单质押融资的价值分析

一、标准仓单质押融资的银行价值分析

开展标准仓单质押融资业务可以丰富银行信贷产品结构、规避经营风险，满足银行追求利润新增长点的内在需求。[①]

第一，商业银行可以利用标准仓单质押有效地躲避经营方面的风险。只有金融市场稳定发展，才能有利于国民经济持续的增长，及更稳定的发展。金融危机一直以来对各行各业的影响都比较大，因此，金融风险的控制不容忽视。其中银行的坏账和呆账是金融风险最集中的一点，造成坏账、呆账的发生，主要是银行没有有效的管理策略造成的。产业的变化和经济的波动等因素同样也会形成金融风险，但是最本质的问题是银行工作人员会为了业绩而夸大信用、没有根据地预期，标准仓单质押融资模式的出现能更好地帮助银行规避这些风险。

第二，与其他质押品种进行比较，不难发现标准仓单具有更小的风险性，安全性很高，而且流动性也很强，同时标准仓单也具有盈利性。对于商业银行来说开办标准仓单质押贷款业务可以有效地拓展商业银行的资金运用范围，标准仓单质押贷款业务作为风险较低的信贷业务品种，有助于调整和优化商业银行信贷资产结构。

第三，开展标准仓单质押贷款有利于商业银行拓展新的利润增长点。银行业日趋激烈的竞争，促使银行不断地进行业务创新。标准仓单质押贷款业务通过三方合作，解决了存货质押监管难的问题，有助于实现信贷风险控制的目标，扩大银行业务范围，增加客户规模。此外，银行在贷款收益之外，还可以获得包括结算、汇兑差价等中间业务收入，拓展了商业银行的盈利空间，有利于银行提升业务竞争力，不断扩大市场份额。

二、标准仓单质押融资的企业(客户)价值分析

企业资金紧缺的时候，可以利用标准仓单质押进行融资，这为企业筹

---

① 罗巧玲：《基于 VaR 方法的标准仓单质押率研究》，中南大学硕士学位论文，2009 年。

集资金提供新的途径。贷款难和融资难一直以来对大部分的中小企业来说都是比较棘手的问题，长期以来也成了阻碍中小企业发展的最主要的因素，而且一直以来也没有得到很好的解决。因为中小企业的规模普遍偏小，可以抵押的固定资产价值较低。所以拓展质押贷款这个业务可以帮助中小企业(有产品)进行融资，获得贷款，可以有效地帮助中小企业摆脱资金短缺的困境。

三、对其他方面的价值分析

标准仓单质押融资不仅能促进商业银行的发展，能缓解企业资金的难题，而且还能促进期货市场的发展，为期货市场的发展提供新的契机。作为商业银行和期货市场的共同客户，利用标准仓单进行抵押贷款能进一步地提高银行的盈利水平，开展金融领域的新业务，进行金融创新，扩大市场的占有力。对期货公司来说，可以将期货交易保证金转入银行账户，从而也可以带动期货交易市场的发展。同时，仓单质押融资缓解了企业资金的压力，越来越多的现货、套期保值商会加入到期货市场，进行期货投资，这些客户的加入又会推动期货市场的发展，所以说仓单质押融资业务具有推动期货市场发展的作用，为期货市场的发展带来价值。

第五节　标准仓单质押融资风险控制

处在不同的位置，不同的主体面临的各种风险也不一样，而且面临风险的大小也是有区别的，具体而言，如表 9-1 所示：

表 9-1　　　　标准仓单质押融资主体面临的主要风险

风险类别 融资参与方	法律风险	信用风险	市场风险	流动性风险	操作风险
贷款人	√	√	√	√	√
中间人	√				√
借款人	√		√		√

(1) 贷款人风险。在标准仓单质押融资中，贷款人面临的风险最多，表 9-1 提到的五项风险全部具有。

(2) 中间人的风险。中间人一般指的是期货交易所、期货经纪公司、交割仓库、担保公司等中间人，他们面临的风险相对较少，主要是法律方面和操作方面的风险，由于操作不严谨或者操作存在漏洞，会造成中间人陷入法律纠纷，中间人在进行质押担保时，要注意相关的法律细节，例如，根据有关规定，标准仓单质押物质必须存放规定的仓库（是由质押中间人指定的），评估、认证、监察和管理是由中间人负责的，但是，在约定的时期内，万一中间人，也即是交割仓库，不能向持单人交付出质押的货物，此时，如果给持单人带来一定的经济信用损失，那么交割仓库就要承担主要责任，而期货交易所只是承担连带责任。

(3) 借款人的风险。法律风险、操作风险、市场风险和流动性风险，这些是借款人所有可能面临的主要风险。例如：由于流动性、手续费用等方面的影响，引起质押物市场价值的变化，如果相对于市值而言标准仓单发生了贬值，那么贷款人会对借款人进行追偿，因此，就会造成借款人经济的损失；还有一方面，借款人还面临着到期不能偿还贷款的风险，如果到期不能偿还，那么贷款人就有进行仓单变卖、更改等权力。

一、法律风险

在金融市场上，任何活动都要以守法为前提，在进行日常交易或者办理业务中，如果不能够遵守相应的法规或者法律要求，一旦陷入法律纠纷，就有可能造成经济损失，这就是所谓的法律风险。从狭义上讲，由商业银行所签订的各类承诺、法律文件和合同是否可以执行、是否有效是法律风险所重点关注的。从广义上讲，外部合规风险和监管风险也包括在法律风险之内。

法律风险主要有以下几种表现形式：
(1) 所签订的合约条款不周密，从而无法受到法律的保护，因此不予执行。
(2) 金融资产的安全受到各种各样的犯罪行为的威胁。
(3) 由于金融领域的发展，业务不断创新，相关的法律法规还有待完善，就会导致有的交易没有明确的法律规定，合法权益得不到相应法律法规的保护，从而形成一定的法律纠纷，造成经济的损失。

在金融市场上，如果在交易中，银行、期货交易公司或者是借款人，任何一方违反法律法规，都将受到法律的惩罚，作为一种权利凭证的标准仓单，同样也受到法律法规的保护，但是，标准仓单是否可以直接用于银行贷款业务的担保，从而参与资金的正常流通循环，这个在法律中一直有着很模糊的界限，在实际中这方面是一个盲点。仓单的无法兑现，借款人没有能力偿还是银行所面临的最终法律风险。

二、信用风险

信用风险是银行所面临的最大的，也是最主要的风险，由于借款人的单方面违约，也许会给银行带来一定的经济损失，这就是所谓的信用风险。在金融市场上，借款人的信用关系至关重要，在借贷这个关系的全过程中，都有可能产生信用风险。银行与借款人之间只要发生借贷关系，资金的流动就会产生信用风险，借款人的经营管理方面的风险是信用风险最主要的来源，当借款人由于经营不善，没有取得一定的收益，当还款到期时，没有能力偿还银行的债务，这时也就形成了信用风险。虽然，一般来看，标准仓单质押贷款业务是一项风险比较低，安全性相对较高，具有盈利性的业务，但是，即使风险较低，风险也是存在的，在业务运行的过程中，还需要银行提高专业素质，提高警惕意识，当风险发生的时候果断采取相应措施。

三、市场风险

市场风险主要是银行所面临的，利率、股票、汇率、商品等市场条件的变化，如果这种变化对银行来说是不利的，那么将会给银行带来经济损失。一方面，如果由于供求关系的影响或者是一些宏观环境的变化，导致商品的市场价格发生很大的变动，标准仓单的市值就会出行下跌的状况，这时银行关于质押物担保能力就会下降；另一方面，会造成还款方面的威胁，对银行来说，其中一部分是由于市场风险给企业带来的信用风险，企业没有经济能力来偿还银行的贷款，进而产生信用风险，另一部分是由于借款人产生偿债危机，银行在变卖或者转让标准仓单时有可能价格低于贷款金额，从而给银行带来经济损失。这种关系如图9-6所示。

四、流动性风险

金融资产具有流动性，同时这种变动又是不确定的，所以就有可能导致经济主体受到一定的经济损失，这就是所谓的流动性风险。在标准仓单质押贷款业务中，如果借款人单方面的违约，之后，由于标准仓单具有较低的流动性，此时贷款人就面临着以较低的价钱变卖仓单，或者根本无法

第六节 标准仓单质押融资案例

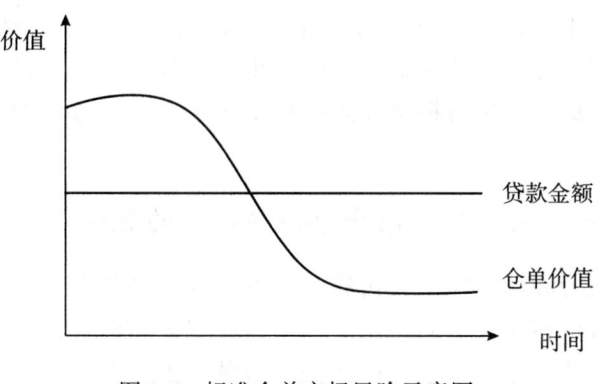

图 9-6 标准仓单市场风险示意图

进行变卖,这就是贷款人所面临的主要风险。相对而言,银行面临的这方面的风险较小。

五、操作风险

标准仓单质押融资的每一道程序都需要相关人员的谨慎认真操作,如果,其中的工作人员由于操作不当,过程不完善或者是不合适,从而给企业带来一定的经济损失,这种损失可能是间接的,也可能是直接的,这种风险就称为操作风险。内部或者是外部欺诈,工作场所是否安全,客户、员工、产品及业务的做法,系统瘫痪导致业务必须中断,交割及流程管理等方面是操作风险的主要表现形式。标准仓单抵押贷款作为一项还比较新颖的业务,需要严谨的工作人员、合理的内部操作流程、完善的强大的系统作为支撑,不然将产生操作风险。

第六节 标准仓单质押融资案例

一、企业基本情况

某棉花公司是主营棉花收购业务的企业,规模属中小型,长期在新疆库尔勒租场收购棉花,直接供应石家庄周边各县、市的纺织厂,为该市棉纺织行业提供货源。由于棉花原料具有明显的季节性特点,阶段性库存比较多,所以该公司具有固定资产少,流动资产大的特点,尤其是棉花存货较高,占压其大部分流动资金,造成资金紧张。

2014年，随着该公司经营规模的不断扩大，面临为收购棉花缺少短期流动资金的困难。该公司存货棉花是大宗原材料商品，价格公开、透明，价值容易确定，并且依托期货交易所变现力较强，所以通过向中国建设银行申请棉花的标准仓单质押贷款来缓解企业生产经营过程中流动资金紧缺的问题。

二、棉花公司开展标准仓单质押融资的流程

企业、银行和期货经纪公司签订三方协议，借款企业将其持有的标准仓单质押于银行在期交所的席位下，期货经纪公司监督标准仓单在贷款期间不得交割、挂失和注销，银行向企业贷款，如企业无法还款，银行将通过期货交易所处置仓单，流程见图9-7、图9-8所示。

（1）提交标准仓单业务相关办理材料。该公司为小企业，可做"速贷通"的标准仓单业务，因此该公司提交"速贷通"业务相关办理材料。

（2）银行受理、审查和贷款审批。主要审查该公司和其拥有的标准仓单是否符合银行要求，确定标准仓单价值和质押率。当时棉花标准仓单价值150万元，银行按照标准仓单价值近期变化情况，确定此笔业务标准仓单价值140万元，质押率67%。

（3）与客户签订《中国建设银行标准仓单质押贷款合同》、《中国建设银行标准仓单质押合同》和资金使用监管协议。

（4）质押标准仓单的质押登记，此笔业务承办行为郑州期货城支行。

（5）发放贷款。

（6）贷后风险监控。此笔业务贷款监控市值比处置线是标准仓单市值达到104万元；因为棉花标准仓单涨停板为3%，所以此笔业务贷款监控市值比警戒线是标准仓单市值达到110万元。

（7）质单处置、质单置换及解除。

（8）贷款偿还。

（9）贷款回收。

第六节 标准仓单质押融资案例

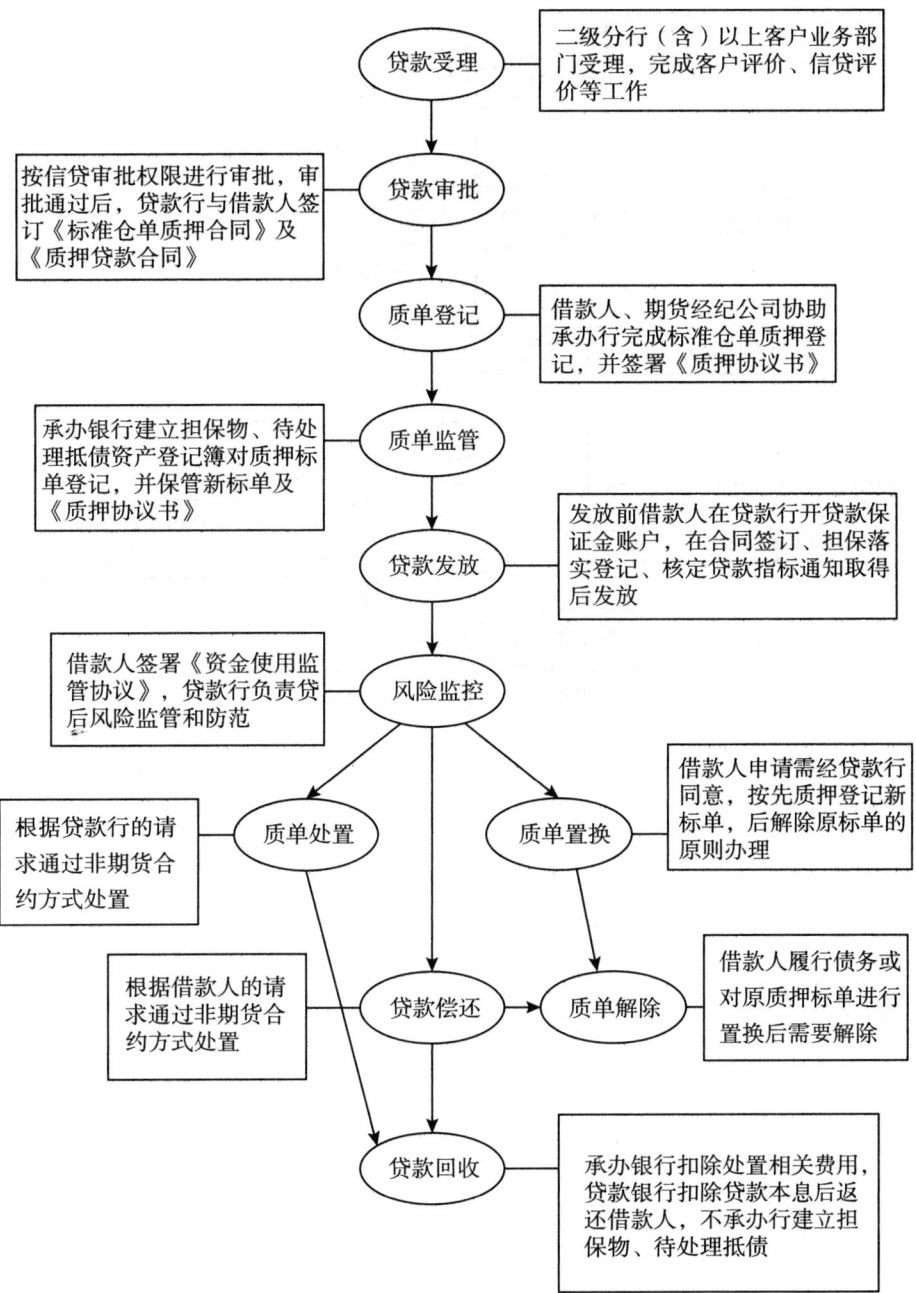

图9-7 标准仓单质押贷款业务基本流程图

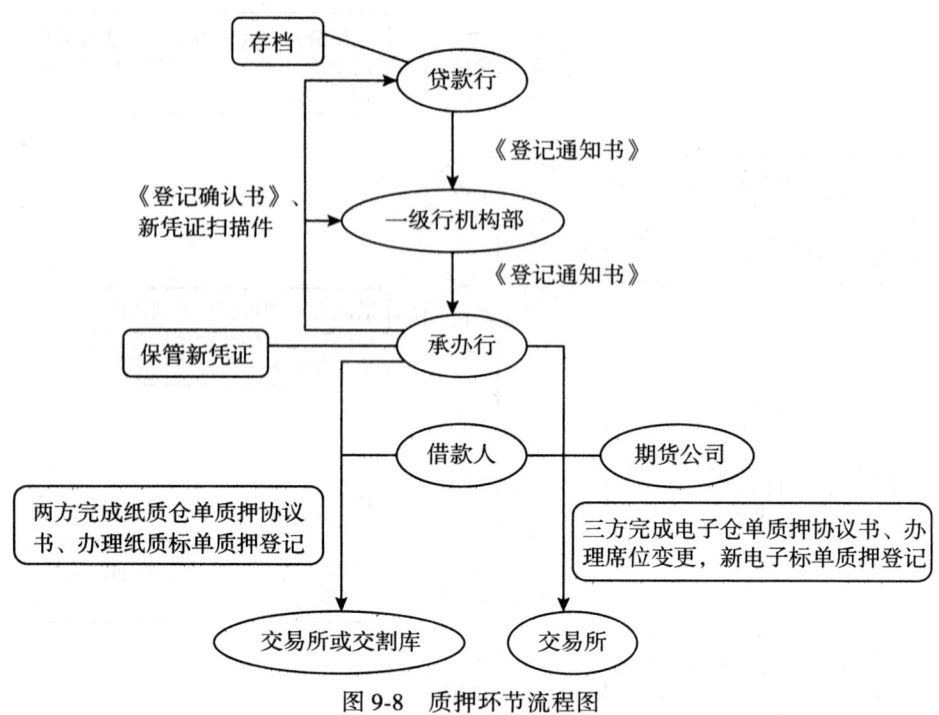

图 9-8　质押环节流程图

第十章 普通货权质押融资

第一节 普通货权质押融资概述

一、普通货权质押融资的概念与特征

(一) 普通货权质押融资的概念

普通货权质押融资是指借款申请人以非标准仓单等货权凭证出质,向银行申请融资的授信业务,是物流企业参与下的融资业务。[①] 同时满足以下两个条件才属于标准仓单:一是注册商标商品;二是在指定交割仓库中储存。不满足这两个条件的都属于非标准仓单。

普通货权质押融资模式下,在债务人不履行债务时,银行可以用拍卖、变卖货权凭证或者质押货物取得的财务进行还款,银行的这种行为受到法律的保护。普通货权质押融资和标准仓单质押融资主要有以下两个方面的区别:

(1) 所关注的重点不同。货权凭证所对货物的监管是银行在普通货权质押融资业务中重点关注的,这一点与标准仓单关注的有所不同,标准仓单质押融资重点关注标准仓单这一物权凭证。

(2) 还款来源不同。标准仓单质押融资主要依靠的是借款人的综合经营收入,卖出质押物而获得的收入。然而,普通货权质押融资主要依靠货物流转回笼的资金用以归还银行的账款,所以这个过程中银行一般要进行严格的监察和管理,才能为还款提供保障。

---

① 宋炳方:《商业银行供应链融资业务》,经济管理出版社 2008 年版。

(二) 普通货权质押融资的特征

普通货权质押融资的质押物由于不符合标准仓单的要求，所以不能在规范的交易市场进行挂牌交易，具有以下几个特征：

(1) 广泛的受理范围。由于商品交易所的交易对商品品种的要求十分严格，标准化仓单可用来交易的商品品种比较少，一般只能包括金属物质，铜、铝等，还有一些农作物如大豆等，大多数产品不能满足标准仓单的要求，所以不能进行标准仓单质押融资，而非标准仓单受理的货物品种相对较多，可满足更多融资方的需求。

(2) 普通货权质押融资经营风险大。非标准仓单涉及两项主要风险。一是质押物风险，包括质押物评估风险、质押物监管风险、质押物处置风险等。二是信用风险。信用风险最主要的就是要对出质人的信用程度进行严格审查，对出质人的信用、信誉程度进行严格把关，防止出质人故意进行质押套现、投机交易等行为，另外严格制定风险控制程序也是防止信用风险的一个重要途径。利用保险公司对货物的价值进行鉴定、审查和监督也可以适当地控制出质人的信用风险。

二、普通货权质押融资的适用标的物

普通货权质押融资的质押标的物是普通货权凭证，这类货权凭证不是像标准仓单一样，由交易所按照统一标准开具。所以为了把风险降到最小，银行在选择货权凭证进行质押融资时要十分谨慎，严格审查凭证的性质特征，出质人的信用，对其进行严格把关，同时也要求用来质押融资的货权凭证必须具有无瑕疵、不限制转让等特点。一般而言，办理质押融资的商品需满足以下条件：

(1) 货物流通变现能力比较强，一般是短期存货在企业的正常运行中。

(2) 货物有很强的通用性，有销售渠道，而且比较通畅，交易市场也相对来说比较成熟，能够提前预测价格波动的区间，价格比较容易确定。

(3) 货物有稳定的质量，有形及无形损耗能合理地预测，易于仓储、保管、计量，不易变质、损毁，易燃、易爆、易渗漏、有腐蚀性、有放射性等危险物品、化学品等货物不得办理质押。

(4) 货物市场需求旺盛，本身适销对路，生产厂家实力雄厚，技术水平较高，在行业内具有品牌优势。

(5) 对于专业性比较强的货物，一般要让银行进行价格认证和质量检

测，并提供相应的资料，具有标准化、不易变形、不易过时、市场价格透明、价格相对稳定、变现能力强等特征，并能够在有形、固定的市场上进行交易。

因此，综合以上特征的商品，主要包括钢材、铜材、铝材等初级金属产品；铜、铝等初级金属材料；小麦、绿豆、大豆、棉花、糖、天然橡胶等初级农产品以及原油等。

三、普通货权质押融资的适用对象

普通货权质押融资业务主要有出质人、质权人、仓储方三者的共同参与。持有货物的为出质人，即贷款企业；银行一般是质权人；物流中心一般受他人委托来保管、监管货物，即仓储方。

(一) 银行

中小银行相比于其他的一些商业银行来说竞争力不强，尤其是在传统的信贷业务领域内，主要的原因是较弱的资金实力，再加上机构网点也比较少，没有广泛的人脉资源和政府的资助。但是，中小银行在其他方面也有自己明显的优势，主要表现在体制建设、运营效率和人力资源这三个方面，所以，中小银行在发展中，应该选择适合发挥自身优势的一些业务，以顾客的需求为中心来开展自身业务，了解市场的需求，适应市场的变化，集中力量形成自己的资源优势和竞争战略，不断地进行金融创新，尽量避免与国有商业银行的正面竞争，要在激烈的竞争中形成自己的竞争战略，实现可持续发展。

(二) 贷款企业

由于普通货权质押融资远比一般法人客户融资复杂，普通货权质押融资的适用标的物标准十分严格，要求流通变现能力强、通用性强、质量稳定、市场需求旺盛、质量和价格确定、有较强专业性的货物。申请普通货权质押融资的企业经销或生产的商品必须满足质押物的要求。

除此之外，贷款企业要有相关经销或生产标的商品的实力和经验。普通货权质押融资的理论依据是自偿性贸易融资理论，也就是说银行发放短期的商业贷款(与商品货物周转相适应)具有自偿性，当商品基本销售完的时候，得到的销售收入用来偿还贷款。自偿性贸易融资的背景是真实贸易，如果企业由于经营不善，没有盈利，不能偿还贷款，这时候银行就有权进行商业票据抵押，有权进行转让、变卖质押票据或控制的货物。所以，贷款企业在申请普通货权质押融资之前，必须根据企业实际情况，正确评估当下对资金需求的紧急情况和自身还贷能力。

(三) 仓储方

在普通货权质押融资中，仓储方是十分重要的监督方，必须具备合法的企业法人营业执照、法人代码证，同时也必须是专门的从事仓储业务的公司；对仓储方的能力也有一定的要求，要有丰富的管理经验，管理的程序必须规范，方法得当，配备专业的操作人员和完善的进库、出库、验收、拣货的手续和程序；仓储公司要在当地有一定的影响力、口碑好、信誉好、规模比较大、业务量多、较强的经济实力；同时商品仓储条件也必须完好，注重商品的养护，能够有检验和化验商品的技术和能力；仓储记录良好，信誉较高，具备一定违约责任赔偿能力，与保险公司签有完善的保险合作协议；能够对质押标的物设立独立的质押区域集中堆放；有较强的中转、进出装卸作业能力。

第二节　普通货权质押融资的基本流程

一、现货质押融资

现货质押融资模式是指已经有借款人存在、质押已经有货权的货物，货物是由专门指定的仓库进行监管，企业对质押的货物不能自主提货，只能立即补足相当于提货额的保证金之后，由银行开具提货单，仓库按指令发货。流程见图10-1①。

(1) 借款人把质押货物(满足银行的要求)运送到仓储企业(银行指定的)，然后仓储企业进行验收和核查，之后双方签订《仓储协议》，这个协议主要是为了划分双方的权限职责，然后把货物运送到指定仓库，仓库验收入库后，由仓储企业开具符合"有价证券"要求的专用仓单。

(2) 借款人可以为质押货物办理保险，贷款银行应该为保险的第一受益人。

---

① 孙铭悦：《我国普通仓单质押贷款业务的流程与风险分析》，北京物资学院硕士学位论文，2012年。

第二节 普通货权质押融资的基本流程

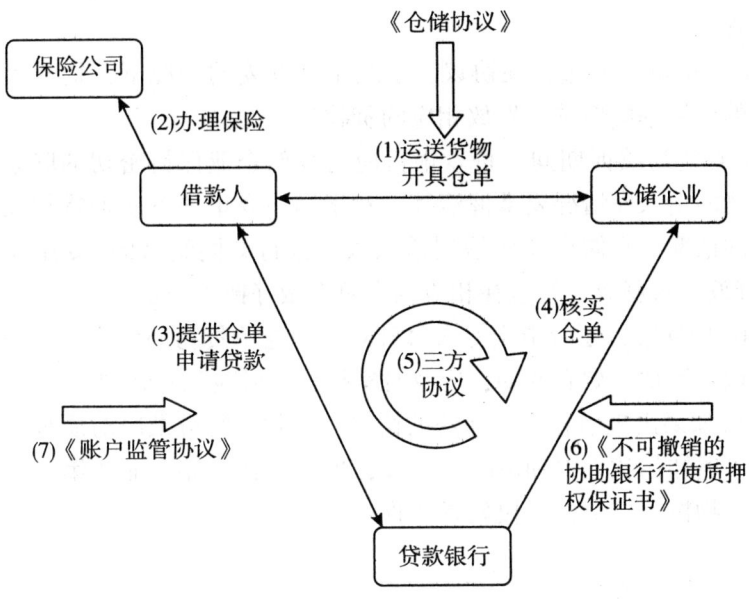

图 10-1 现货质押融资业务流程

（3）借款人把专用仓单以及《仓储协议》交付给贷款银行，同时还应提交相应的货物保单，向贷款银行办理申请仓单质押贷款。

（4）贷款银行应该严格审查、核实贷款人的信用等级、还贷能力等，并且对质押货物的品种、规格、数量、金额、存储期限等相关信息也要认真核实，而且也要和仓储企业取得联系，确认核实仓单信息，以及货物的存储情况。

（5）贷款银行经过审核同意仓单质押后，要签订三方协议，即《仓单质押贷款三方合作协议书》，由银行、仓储企业、贷款企业三方共同签订，在协议中，借款人应在专用仓单的背书"转让方"栏内签章，而贷款银行应在专用仓单的背书"受让方"栏内签章，仓储企业在专用仓单的背书"保管方"栏内签章，并记载"出质"字样，由贷款银行持有该出质仓单，此时，借款人与贷款银行的质押关系成立。

（6）仓储企业与贷款银行签订《不可撤销的协助银行行使质押权保证书》，仓储企业在该业务中承担有保管货物，及时释放货物，做好入仓、出仓记录，及时向银行反馈货物信息的责任，同时享有收取一定保管费的权利。

177

(7)借款人与贷款银行签订《银企合作协议》、《账户监管协议》,设立专用监管账户。

(8)仓单审核通过,在协议、手续全部办妥的情况下,贷款银行按协议约定的质押率向借款人发放相应的贷款。

(9)在货物质押期间,贷款银行应与仓储企业保持密切的联系,对于质押货物的出入库情况要掌握清楚,对于同一仓单项下质押货物在不同时间提取的情况,仓储企业要依据借款人和银行共同签署的"专用仓单分提单"来释放,每释放一笔应在相应的仓单下做好销账记录。

(10)贷款银行还应指定专人每日对质押仓单货物的价格、市值变动情况进行调查评估,如有变动,应及时实行贷款风险预警处理。

(11)如果出现借款人有违约的情况,贷款银行应及时对质押货物进行处理,可通知借款人追加风险保证金,也可委托仓储企业或第三方对尚未销售的货物按一定价格尽快处置,收回资金。

二、买方信贷

这种业务模式主要是由生产企业、经销商(买方)、银行、指定仓库四方进行合作,当经销商资金不足以购入货物的时候,可以采用这种模式,银行授信审核通过后,就可以分批次的提取货物,然后向银行归还贷款。这种模式主要是银行要对经销商购买的货物提供一定的授信支持,银行开具承兑汇票,汇票的收款人必须是生产企业,生产企业收到汇票后,要把质押货物运送到银行指定的仓库内,仓库收到银行释放货物的通知后释放货物。主要业务流程见图10-2[①]。

(1)确认购货,签订购货合同。根据顾客的需求、市场的情况,经销商确定购货,并确定购入货物的品种、数量、规格、价格、购货方式以及购货时间等相关信息,并签订相应的购货合同。

(2)签订仓储协议。经销商与仓储方(银行指定的)签订仓储协议,签订此合同时,要把购货合同提供给仓储公司,这样便于仓储企业进行货物的核查和验收等工作。

(3)由四方(生产企业、买方企业、指定仓库、贷款银行)经过协商,达成合作共识后,签订买方信贷四方协议,明确各自的权利职责。

---

① 孙铭悦:《我国普通仓单质押贷款业务的流程与风险分析》,北京物资学院硕士学位论文,2012年。

第二节 普通货权质押融资的基本流程

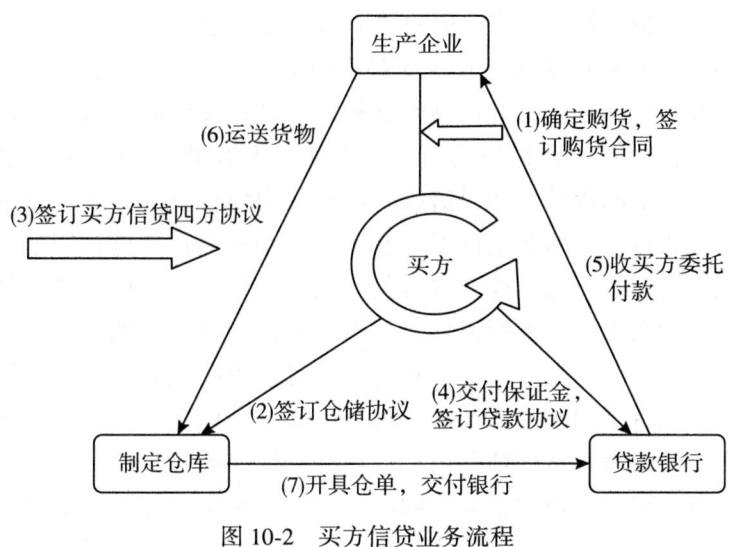

图 10-2 买方信贷业务流程

（4）银行审核购货合同的相关信息，对产品的属性、价值等进行审核，对贷款人的信誉等情况严格把关，经审核通过后，与贷款企业签订仓单质押贷款协议，为了控制交易中可能出现的风险，质押物的数量、金额、后期处置等相关的一些信息要在协议中明确标出，而且经销商要向银行交付一般为贷款金额 20% 的保证金。

（5）贷款银行在收到买方企业的保证金后，受买方企业的委托，预付一定比例的货物贷款给生产企业，并通知生产企业发送货物。

（6）银行把预付货款交给生产企业后，生产企业按照购货合同的规定，将货物运送至指定仓库，并且可以向保险公司申请办理第一收益人为银行的保险，然后把保单交付给仓储企业。

（7）仓库在收到货物后，要进行核查核实，根据合同进行验货，没有问题后确认接收货物，并且进行登记入库，然后开具符合要求的专用仓单和保单，并一起交付给银行。

（8）银行专业人员对仓单进行仔细审查，当审核通过，手续、协议也全部办妥之后，银行将会把除预付账款之外的贷款支付给生产企业，然后质押关系(借款人和贷款人之间)也就成立了。

（9）经销商卖出货物时，购买货物者把货款支付给经销商之后，经销商要把相应的货款打入银行指定的专用监管账户上，收到货款后，银行通知仓库释放相应的货物，仓库收到通知后，才把货物给购买者，并且银行操作程序要谨慎，符合要求，同时也要做好销账记录。

（10）在货物质押期间，仓库要对质押货物进行严格的管理，注意商品的保养，按照仓储合同，对货物严格把关，只有收到银行（仓单持有人）的出库指令后，才能释放相应的货物，否则一旦出现商品丢失、损耗等情况，要承担一定的责任。如果借款人没有能力偿还贷款，或者是出现中途单方面的违约行为，那么银行可以要求生产企业对货物进行回购，这是符合法律规定的。银行也有权力进行货物的变卖处理等，用来偿还贷款。为了控制风险的发生，一方面银行要严格审核，一级一级地审核经销商的信用水平、还款能力和企业的经营状况。同时经销商也必须交纳足够的保证金给银行，或者是用固定资产作为抵押；另一方面银行选择监管仓库时也要进行各方面的考察、评估，选择的质押仓库要有一定的实力，储存保管的设施设备完善，规模比较大，同时，信用也必须良好。对于经销商和仓库的动向，银行也应该密切关注。生产企业收到银行的预付账款后，要及时地把质押货物运送到指定仓库，并要保证货物满足要求。此外，为了降低风险的发生，在签订四方协议时，银行还可以要求，如果有质押物剩余的时候，生产企业要按规定的价格进行回购。

三、卖方信贷

卖方信贷的仓单质押贷款业务分为两种：一种和现货质押贷款业务的流程类似；另一种就是仓单质押监管模式——物流企业统一授信的质押监管模式，这种模式是一种层层递进的关系，在这种模式中，首先由银行考察和审核大型第三方物流企业的信用水平，盈利能力和一些经营状况等，之后对物流企业进行统一授信，紧接着被授信的物流企业选择自己的合作商，当然要根据授信的情况和自身的能力，选择的合作商可以是生产企业，也可以是经销商。然后与贷款企业进行沟通、谈判，代表银行与贷款企业签订质押贷款合同、仓储协议等，在进行金融交易的整个过程中，第三方物流企业都要在供应链的各个环节进行风险控制，包括运输、储存、包装、配送、流通加工、销售等各个方面，对整个流程进行严格审查和操作，同时进行有效监管。并且开具与贷款相对应的质押物的专用仓单，交付给银行，这样才能完成物流企业与银行的质押关系。其主要业务流程见图 10-3。

在这种业务模式中，能充分发挥第三方物流企业的优势，第三方物流

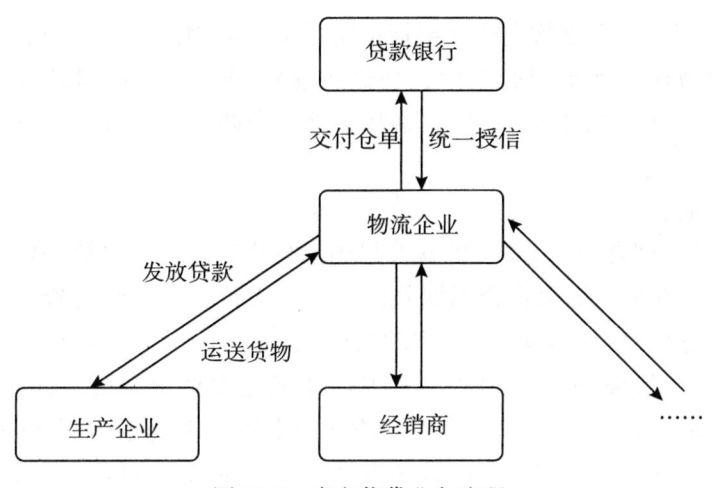

图 10-3 卖方信贷业务流程

企业的网络资源比较丰富,有较强的物流实力和专业的物流人才。同时,这种模式,也有效地降低了银行的融资风险,这种模式下,交易中的一些风险都随着办理业务人员的变化,转移到第三方物流企业的身上。然而第三方物流企业能利用自身的一些优势,有效地控制这些风险,这样就能有效地规避整个质押交易中的各种风险问题。①

第三节 普通货权质押融资的法律关系分析

借款人、贷款人、仓储公司作为质押贷款的三个主体,为了保证交易的顺利进行,他们之间需要发生很多的法律关系。这些法律关系可以保障各个主体的合法权益,同时,对主体的行为也具有约束的功能。他们之间的具体法律关系主要有以下几种:

1. 借贷法律关系

《借款合同》在贷款企业和银行之间签订,贷款企业和银行之间发生交易,进行仓单质押,当银行经过仔细审核,通过之后,就会给企业办理贷款,那么他们之间会形成借贷上的法律关系。

---

① 张忠辉:《基于仓单质押的物流金融风险管理与控制研究》,中南大学硕士学位论文,2011年。

2. 仓储法律关系

《仓储合同》在贷款企业和银行指定的第三方物流公司之间签订,贷款企业把货物存放到指定的仓库,仓储企业按照合同对货物进行验收、入库,并且在质押期间进行严格监察和管理,仓储协议签订后,贷款人和仓储公司就形成了仓储法律关系。

3. 质押法律关系

《仓单质押合同》是关于借款人归还银行贷款的一个法律约定,银行收到借款人的仓单,如果在合同期限内,借款人没有能力归还贷款,那么银行就有权进行变卖、兑换货物用来偿还贷款。

为了控制金融交易的风险,一方面要制定保证金制度。在质押期间,银行可要求贷款企业向保证金账户存入保证金,用来保证银行的合法权益,控制贷款人还款的风险;另一方面,关于强制平仓线,可以规定质押款小于货物的真实市场价值,这样就可以有效地避免贷款企业单方面毁约,到期不还款的风险,当然二者的差距也不能太大,不能低于真实市场价值的 60%~70%。当质押款超过货物的真实市场价值时,为了避免贷款企业的强制毁约,银行可以要求贷款企业退还部分质押款。

4. 仓单质押监管法律关系

《仓单质押监管合同》主要就是为了确定三者(贷款企业、银行和第三方物流企业)之间的一种法律关系,是一个整体上的合同。整个的过程是,银行选好仓库,向保管人发出仓单质押、分割仓单等指令,保管人得到银行的许可后,为贷款人办理出库等手续。

5. 委托法律关系

《仓单质押委托合同》由银行和物流企业之间签订。银行会委托物流公司存放质押货物,当然这个物流公司并不是随意指定的,而是银行经过考察,选取具有影响力的物流公司,物流公司的规模大小、市场占有率、业务量、设备、人员都在考虑的范围之内。选取之后,仓储企业受银行的委托保管货物,签订协议,从而委托法律关系也就形成了。

在货物质押期内,银行也要密切监管货物,对货物的保管程度、出入库、货物的市场价值都要有清晰的了解和跟踪。但是,银行对仓储的监管通常不到位,容易忽视这个环节。对于物流中心来说,它们和银行之间没有直接的利益依赖关系,如果它们之间没有明确地规定权利和义务,这就会对银行权利的行使有一定的阻碍。为确保银行有效行使监管权,办理仓单质押之前,贷款企业和物流公司应该达成一致,达成"仓储监管协议",

规定：银行有检查、监督、监管货物的权利，物流公司开具注有银行的专用仓单，还可以签订有关质押相关人权利与义务协议，用来约束物流公司。

第四节 普通货权质押融资的价值分析

一、普通货权质押融资的银行价值分析

(一) 增加银行新的利润增长点

现在金融业竞争越来越激烈，银行要想在行业中获得持续发展，就必须不断地进行金融创新，开拓新的业务领域，这样才能形成自己的竞争优势，获得更大的市场占有率。由于利差受宏观经济政策的影响较大，靠利差来赢取利润的传统经营模式已经不能适应时代的发展。相应的，普通货权质押融资业务可以为银行增加新的利润增长点，可以帮助银行拓展业务范围，增加市场占有率，为银行赢得发展的新契机。

(二) 有效控制银行信贷风险

银行的信贷风险贯穿金融交易的整个过程，风险防范就显得尤为重要，银行经营管理的核心就是风险管理。在贷款业务中，对于中小企业来说，固定资产比较少，规模比较小，对市场的占有率和影响力微乎其微，所以，为中小企业办理贷款，给银行带来的风险是巨大的。控制中小企业贷款风险的问题一直是银行所关注的，然而仓单质押融资模式的出现，有效地降低了信贷的风险，这种模式的风险是比较低的。银行通过与第三方物流公司进行合作，进行仓单质押，对质押货物进行管理。中小企业可以以动产进行抵押，企业的经营生产离不开动产，用动产作为抵押，即使企业的经营权和管理权发生了变化，对银行也没有形成多大的威胁。银行通过委托第三方物流公司对质押物进行监察和管理，主要由第三方物流企业定期派人监察质押物的质量，关注质押物的原价和净值以及销售信息、经营状况、承销商等信息，第三方物流公司一般信息网络比较发达，可以凭借自身的资源优势为银行提供有关贷款企业的一些情况，这样就降低了银行由于信息不足而产生的风险，同时也为银行节省了人力、物力、财力。第三方物流企业作为客户和银行的"黏合剂"，有效地控制了银行的风险，

同时也为自己赢得了利润。这种模式下,贷款企业提取货物时,必须经过银行的批准,仓库管理者在收到银行释放货物的通知后,才能进行出库,仓储物的任何变动都必须经过银行的批准。这种情况下,贷款企业就会增加与银行的接触,这对贷款企业也起到了一定的监督作用,这样有利于企业提高生产效率,增加销售力度,妥善地进行经营、管理和决策。提存、补值、还贷等一系列行为才会更加合理有效地进行,进一步降低了仓单质押的风险。

二、普通货权质押融资的企业价值分析

对供应链中的核心企业来说,下游经销商获得银行授信,有利于核心企业提高生产效率及货物的销售力度,从而有利于资金的回笼,加快了资金的周转,增加了企业的效益。此外,对于核心企业来说,提高利润率的方法还可能是通过收取比较高的票据贴现利息,这样也可以获得一些收益,同时,采用供应链融资可以把销售平台和金融服务平台有机地结合在一起,这样有利于核心厂商扩大销售网络、提高市场占有率、形成一定的竞争力。

在供应链中的其他非核心企业,有些中小企业由于规模比较小,市场占有率也比较低,同时再加上较低的信用评级和不健全的财务制度,在传统的信贷模式下很难取得银行贷款,在供应链融资模式下,中小企业可以借助核心企业的高信誉,获得银行的授信支持,这些非核心企业可以在没有其他抵质押物或保证的情况下,获得银行的贷款,从而缓解了资金压力,同时也可以扩大经营规模,为企业的发展提供一定的保障。

三、普通货权质押融资的其他相关方价值分析

普通货权质押融资的其他相关方主要是第三方物流企业。第三方物流企业作为中间人,起到一定的连接作用,第三方物流企业一方面为贷款企业提供货物储存和保管的场所,另一方面又受银行的委托,用专业的技术和人员对质押货物进行监察和管理,用庞大的信息网络对货物进行实时监测,从而为银行降低了一定的风险。无论对借款企业来说还是对银行来说,在一定程度上都带来了经济效益增长,同时三者之间也形成了一种互利、互赢的合作关系;对第三方企业来说,这种模式,提高了企业的市场占用率,为企业赢得了更多的客户,也增加了业务量,有利于企业形成一定的竞争力;而融通仓业务的开展,物流企业可以利用自身的优势,吸引

更多的中小企业与其合作，有利于自己融入到企业的供应链中，业务量的增加，有利于企业摊销固定成本，从而可以形成一定的规模经济。除此之外，普通货权质押融资模式下，第三方物流利用保管、监察和管理仓单质押货物时的收费，增加了企业的盈利水平。同时，与贷款企业合作，可以增加物流企业的业务范围，例如：仓储业务和加工服务业务等，业务范围的增大，有利于提高市场占有率，从而扩大市场影响力，最终形成自己的核心竞争力。

第五节 普通货权质押融资风险控制

银行、贷款企业和仓储方在普通货权质押融资过程中，在操作风险、市场风险和财务风险方面分别面临不同的风险情况，具体见表10-1：

表 10-1　　　　　　　　普通货权质押融资风险

融资参与方 \ 风险类别	操作风险	市场风险	财务风险
银行	1. 对贷款企业、质押物贷前调查不足 2. 仓单操作不规范 3. 仓单质押期间，银行仓单遗失	1. 信贷产品需求多变，专业化营销体系未形成 2. 信贷产品相关法律滞后，市场混乱	1. 质押物的贬值风险、价格风险 2. 质押物变现风险
贷款企业	仓单质押前，贷款企业遗失仓单	供应链中的风险传递快，受行业市场影响大	1. 质押物贬值，企业销售计划落空，资金链条断裂 2. 手续繁琐，交易成本增加
仓储方	1. 内部人员操作失误 2. 出现虚假仓单	操作、监管失误带来的市场信誉受损	1. 异地监管，成本增加 2. 贷款企业投保不足，导致仓储方面临货物灭失的索赔

第十章 普通货权质押融资

一、融资参与方的操作风险

(一) 银行的操作风险

普通货权质押贷款业务流程复杂,操作节点较多,容易出现操作疏漏和失误。

一方面,银行对贷款企业、质押物贷前调查不足。贷款中存在着很多问题,例如道德问题,信息不对称等问题,有时难免会出现银行对借款人的贷前调查不是特别充分,以至于最后出现用伪造或者是变造的仓单来进行质押,质押物在借款人授信前后的状况不一致等情况。而且还有的仓单和货物的归属权本身就带有很大的异议,当借款人用这些东西进行质押时,就会产生一些质权方面的问题,引起一些不必要的法律纠纷。

另一方面,比较大的一部分风险也可能会出现在仓单的一些操作上面,之所以操作层面具有很大的随意性和主观性,是因为尽管仓单上必须要填写的东西在我国合同法中有明确规定,但是法律并没有明确规定这些要素(存货人基本信息,如:名称、住所,还有一些储存的货物的品种、质量、件数、包装和标记,储存货物的一些费用、存货是否损耗及其标准、储存空间、储存周期、有关商品保险的内容、办理人、办理时间、办理内容)是否要完全填写。由于在我国,一些公司使用的仓单,除了标准仓单有统一的格式和印刷的标准之外,其他的仍然是根据自己的仓库随意填写的,这样一来仓单是否有效、是否真实无误、是否唯一就很难界定了。

另外,质押贷款有关的法律文书要素不是很完整,从而存在法律隐患。一些工作人员因为不熟悉业务办理流程、不是特别明白相关的法律规定,出于自身原因,忽略了要完整、合适地填写一些要素。"在建立仓单质押时,质权人应该和出质人之间拟定质押合同(书面形式),仓单在进行质押的时候,当出质人拿到仓单后,要在其上标注,标记'质押'或者是'出质'的字样,如果没有标注记载上面要求的字样,质权关系仍然可以发生,但是此时不能对抗善意第三人。"这些在我国的《担保法》中明确标出。除此以外,仓单在质押期间,发生仓单遗失,将使银行面临质押无效的风险。

(二) 贷款企业的操作风险

在进行普通货权质押融资时,非标准仓单是一个重要的货权凭证。首先,质押货物(符合银行质押条件标准)被借款人送到仓储企业(银行决定的),然后由仓储企业进一步验货,核查,经核实后,签订《仓储协议》,这个协议主要是用来界定双方的职责权益,接着将质押物运输到仓储区,接收完成后,最后才是仓储企业开出专用仓单,这个仓单要符合相关要求。由于目前非标准仓单尚未统一标准、实现电子化管理,如果贷款企业在获得纸质的仓单后不小心遗失,将无法顺利获得银行的贷款,会造成巨大的经济损失。

(三)仓储方的操作风险

第一,仓储方的操作风险一般出现在内部人员之间,我们知道很多物流企业并没有完全实现自动化操作,很多的工作需要人工完成,信息化进程还比较缓慢,这样就很难实现人工操作零失误。例如,基于货物质押的业务中,需要按规定控制质押物的质量、数量,与此同时,货物是流动的,假如仓储方不能把质押物品控制在一定的数量水平,或者是在货物进入仓储时没有保证物品的质量,这些都会导致仓储方这个业务风险的发生。因此这就需要第三方物流企业对商品的质量、数量等一些属性进行严格把关。

第二,风险控制是任何企业都要重视的,同样也包括第三方物流企业,其控制的主要对象是虚假仓单。由于没有全方位的监察和管理、一些制度不完善(如:空白仓单的领用登记)等,仓储方工作人员出于自身利益,与贷款企业勾结,伪造空仓单,以空单骗取贷款等现象经常发生。

二、融资参与方的市场风险

(一)银行的市场风险

截至 2014 年,我国注册的中小企业大概有 4000 万家,但是这些企业的年限不长,平均不到 3 年。[①] 由此可见,中小企业一般有短暂、频繁、急促的特点,所以,银行要满足多样化市场的需要,专门为这些中小企业提供适合的信贷产品服务具有很大的挑战性。再加上即使是同一个公司各部门的倾向也不一样,这也为银行在设计产品时增加了困难,例如:在供

---

① 潘晓惠、陆岷峰:《中小企业供应链融资风险和对策分析》,载《吉林省经济管理干部学院学报》2011 年第 1 期。

应链融资当中，公司的决策部门看重的是现金流，目的肯定是对周转速度有一定的要求，但是公司负责管理资金的人员更倾向于资金的安全性，而销售部门目标肯定是在销量上有一定的突破。

目前，银行这个大系统中专业化的营销体系尚未形成，整个银行业中面临很多问题，例如：没有实现一体化合作，没有很好地把分工与合作均衡结合起来，凝聚力不强，全行没有独一无二的品牌形象，没有鲜明的企业文化，没有巨大的市场影响力，没有挖掘市场的潜力，没有形成自己的品牌效应和资源优势等。对银行业来说，阻碍发展的另一个巨大障碍是没有创新出适合中小企业的信贷产品，创新精神发掘不够。银行应当鼓励创新精神，开发创造力，研发出创新性的产品，加大服务范围，融入社会的发展，不断适应社会和顾客对有关供应链融资服务产品的种类多、渠道广的客观需求，不断进行业务创新，拓展业务范围适应市场需求，否则银行推出的信贷产品将会被快速发展的金融市场淘汰。

此外，由于信贷市场瞬息万变，相应的法律法规比较滞后，再加上贷款产品的设计可能存在一些漏洞，同时还缺乏相应的评估体制来审核整个贷款的过程。个别银行为了追赶潮流可能降低准入门槛，造成信贷市场混乱。

（二）贷款企业的市场风险

普通货权融资，尤其是基于未来货权的融资，是把供应链上的生产者、物流企业、银行这些参与者紧密地联系在一起，三者之间产生一种合作关系。但是，这种紧密联系的关系也有一定的弊端，也就意味着如果其中一个环节发生意外，这种意外也会影响到供应链中其他的参与者，贷款企业受行业市场影响大。供应链在企业之间的合作上面，具有一定的链接作用，但是一旦问题发生，这种问题也会随着供应链来传播，是风险的传导器。如果位于供应链上游的企业遇到问题，就会导致原材料的供应满足不了需求，从而位于供应链下游的企业的生产和销售就会受到冲击，而且上游企业自身的贷款也会受到影响，从而影响整个供应链上的核心利益，此时银行将会重新考虑是否给下游企业提供贷款；相反的，当位于供应链的下游企业出现问题的时候，也就是说产品在销售时遇到了问题，销售渠道受到阻碍，此时库存量就会增加，生产商就会减少生产，从而减少原材料的供应，影响到上游的供应商，也会影响到银行的贷款问题。从中可以看出，供应链融资在顺利运行的情况下，对整个行业都是有利的，它能带动供应链上整个行业的发展。但是，当供应链上任何一家企业出现问题时，受到影响的绝不仅仅是一家企业，整个行业都会遭到挑战。

(三) 仓储方的市场风险

违规操作的风险问题，银行将风险几乎全部转嫁给了监管方，仓储方一旦在开具仓单、发放货物、价格监测等方面出现失误，就会造成银行、贷款企业乃至供应链上其他相关企业的经济损失，其市场信誉将大大受损，导致市场评级降低，从而降低其在供应链上的地位。

三、融资参与方的财务风险

(一) 银行的财务风险

银行的财务风险主要来自质押物的风险，表现为质押物的价格风险、贬值风险和变现风险。主要表现在以下几种情况：

(1) 质押物的实际价值远远低于评估价值，贷款时故意抬高质押物的价值，形成虚假价格。

(2) 对质押物的评估不能遵从公平、公正、公开的原则。有的仓储企业为了提高市场占有率，就会采用虚假手段，倾向于借款人，就导致价值评估不准确。

(3) 价值评估时还受到自身条件的影响，有的仓储企业自身能力有限，技术不先进等，这样也会影响到价值评估。

(4) 外界宏观环境也会影响到质押物的价格波动。由于市场的供求关系，经济发展水平等因素的影响，就会造成质押物的市场价格发生变化，当市场价格降低时引起质押物的价值下降，但是一般对供应链上的企业而言，预测风险的能力是有限的，不能及时准确地对风险进行控制，当质押物的价值不断降低，低于贷款本金时，贷款风险就会产生。

(二) 贷款企业的财务风险

银行对普通货权质押物标的要求比较高，对质押物的规格、质量都有严格的标准。但由于质押物市场价格的变动，会导致质押对象发生贬值，使企业无法按原定计划销售产品，从而导致企业销售计划落空，资金链条断裂，引起一定的抵押风险。

另外，供应链融资和传统的融资业务相比，程序比较复杂，需要的时间比较长。在供应链融资中，需要贷款企业、仓储公司、银行共同配合，当贷款企业把质押物送到银行指定的仓库后，仓储企业进行价值评估，各个环节都需要办理手续，签订合同，然后银行才决定是否办理贷款，这样会导致企业的交易成本增加。

(三) 仓储方的财务风险

贷款企业、银行和指定仓库三者并不一定都在同一地区，当距离较远时，质押物允许被存放在近处的仓库，但是这样的话，银行方面的监管就会出现问题，由于距离较远，自身无法监管，只能聘请第三方物流公司对质押物进行监察和管理，第三方物流公司开展异地动态监管，会增加整个监管的难度，增加相应的财务支出。

商品保养也是很关键的一点，当贷款企业把质押物放到指定仓库时，仓储在保管商品时，难免会出现一些问题，例如：货物丢失，发生自然灾害导致质押物受损等，而贷款企业有时为了自身的利益，减少费用支出，没有给质押物办理全额保险，或者只是办理了一部分运输流程中的保险。有的第三方物流公司或者银行为了占有市场，提高自身的业务量，并没有准确、合理、公正地评估业务的风险，从而忽略了风险的发生，在货物保险内容不详或者不全面的情况下，为贷款企业办理了业务，这样一旦当这些风险发生的时候，银行将会追究仓储企业监管的责任，从而给仓储企业增加财务费用，形成财务风险。

第六节　普通货权质押融资案例

一、企业基本情况

长久集团是一个总部在北京的多元化综合企业集团，经过13年的发展历程，逐渐发展成为国内最大的汽车物流民营企业，企业的员工超过8000人，业务涉及汽车销售、物流、金融等领域。

二、长久集团开展汽车仓单质押业务的流程模式

长久集团开展汽车仓单质押业务的流程模式，如图10-4所示[①]：

---

① 孙铭悦：《我国普通仓单质押贷款业务的流程与风险分析》，北京物资学院硕士学位论文，2012年。

第六节 普通货权质押融资案例

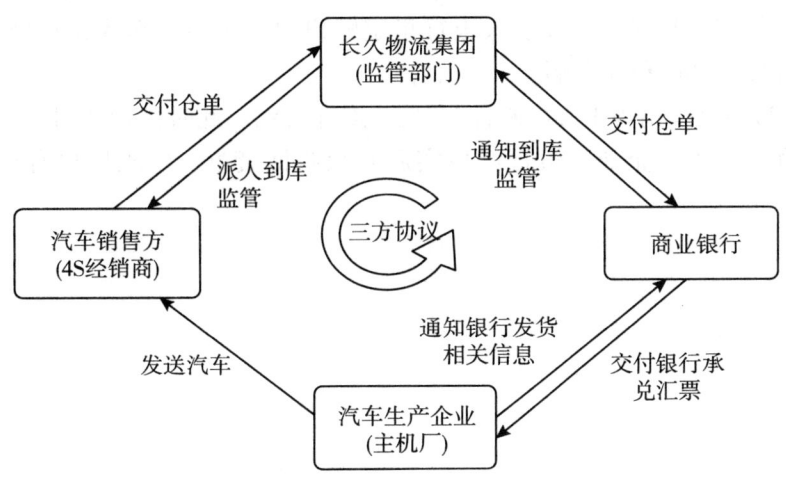

图10-4 长久集团汽车仓单业务流程

（1）生产汽车的主机厂、汽车4S店经销商和商业银行三者通过协商后签订三方协议（如图10-4所示），汽车生产企业以汽车4S店作为担保向银行申请贷款，银行经过专业的评估团队进行审查、评估之后，如果同意企业的贷款，就会开具银行承兑汇票给汽车生产企业（主机厂），从而主机厂就可以在规定的期限内向银行兑换。

（2）三方协议（汽车仓单质押委托监管协议）是另一个经由长久物流集团监管部门，汽车销售方4S经销商和商业银行签订的，长久物流集团监管部门就负有对4S店的质押物的监察和管理的职责，要对贷款的去向、实现程度进行监督和管理。

（3）当汽车生产企业收到银行开具的承兑汇票和4S店下的货物订单后，就要把货物运送到4S店，当然也要通知银行，并且要把货物的物流信息，跟踪情况报告给银行，同时也要说明商品的品牌属性。

（4）银行要把货物的物流信息以及商品属性信息发给长久物流集团监管部门，监管部门要迅速到4S店对商品进行核查，监管部门收到货物时，要根据银行发出的商品信息进行核查、验收，只有准确无误才验收入库并进行监管。

（5）监管部门确认货物没有差错后，就会开具专门的仓单给银行，当这些工作都完成后，三者就形成了质押关系。

（6）监管部门的主要职责就是，在商品监管期间，对商品的进出情况

191

了如指掌,知道4S店汽车的去向,如果4S店销售了汽车,当拿到销售款时,可将贷款和利息直接汇入银行指定账户内,在银行确认收到贷款后,才通知监管部门释放车辆。

(7)当汽车销售中心(4S店)一旦不遵守合约,此时监管部门必须通知银行和汽车生产企业,银行经核实后有权收回贷款,主机厂也有权收回车辆。

参考文献

专著

[1] Dan S. Ironing out the Kinds in the Financial Supply Chain. Asian Trade Finance Yearbook, 2004.

[2] Klapper. The Determinants of Global Factoring. World Factoring Handbook. BCP Publishing, 2000.

[3] Yang Wang, Yangjing Luo, Yulian Peng. Logistics: The Emerging Frontiers of Transportation and Development in China. Published by the American Society of Civil Engineers, 2008.

[4] 李毅学、汪寿阳、冯耕中、张媛媛：《物流与供应链金融评论》，北京：科学出版社2010年版。

[5] 李金龙、宋作玲等编著：《供应链金融理论与实务》，北京：人民交通出版社2011年版。

[6] 李杨、杨思群：《中小企业融资与银行》，上海：上海财经大学出版社2001年版。

[7] 宋炳方：《商业银行供应链融资业务》，北京：经济管理出版社2008年版。

[8] 深圳发展银行与中欧国际工商学院"供应链金融"课题组：《供应链金融：新经济下的新金融》，上海：上海远东出版社2009年版。

[9] 汤曙光、任建标：《银行供应链金融》，北京：中国财政经济出版社2010年版。

[10] 王全地：《物权法》，浙江：浙江大学出版社2007年版。

[11] 中国人民银行、世界银行集团、国际金融公司中国项目开发部编：《中国动产物权担保与信贷市场发展》，北京：中信出版社2006年版。

论文

[1] Aberdeen Group. Supply Chain Finance Benchmark Report, 2006.

参考文献

[2] Alea Fairchild. Intelligent Matching: Integrating Efficiencies in the Financial Supply Chain. Supply Chain Management: An International Journal, 2006(4).

[3] Almgren R, Chriss N. Value under liquidation. Risk, 1999(2).

[4] Almgren R, Chriss N. Optimal Execution of Portfolio Transactions. Journal of Risk, 2000(2).

[5] Archard Gamble. Longer Chains, Lower Costs. Treasure and Risk Management, 2004(4).

[6] B. Summers, N. Wilson. Trade Credit Management and the Decision to Use Factoring: An Empirical Study. Journal of Business Finance & Accounting, 2000(1-2).

[7] Bakker, Marie-Rence, Leora Klapper, Grerory Udell. The Role of Factoring in Commercial Finance and the Case of Eastern Europe. World Bank Working Paper, 2004(4).

[8] Barsky N. P, Catanach A. H. Evaluating Business Risks in the Commercial Lending Decision. Commercial Leading Review, 2005(3).

[9] Besanko D, Thakor A. V. Competitive Equilibria in the Credit Market under Asymmetric Information. Journal of Economic Theory, 1987(3).

[10] Boot A. W. A, Thakor A. V, Udell G. F. Secured Lending and Default Risk: Equilibrium Analysis, Policy Implications and Empirical Results. Economic Journal, 1991(5).

[11] Buzacott J. A, Zhang R. Q. Inventory Management with Asset-based Financing. Management Science, 2004(9).

[12] ChanY. S, Thakor A. V. Collateral and Competitive Equilibria with Moral Hazard and Private Information. Journal of Finance, 1987(6).

[13] Chih-Yang Tsai. On Supply Chain Cash Flow Risks. Decision Support Systems, 2008(3).

[14] Dubil R. How to Include Liquidity in a Market VaR Statistic. Journal of Applied Finance, 2003(3).

[15] Emery. An Optional Financial Response to Variable Demand. Journal of Financial and Quantitative Analysis, 1987(2).

[16] Erik Hofmann. Supply Chain Finance: Some Conceptual Insights. Logistic Management Innovative Logistic, 2005(56).

[17] F. John Mathis, Joseph Cavinato. Financing the Global Supply Chain: Growing Need for Management Action. Thunderbird International Business Review, 2010(2).

[18] J. E. Stiglizer, Andrew Weiss. Credit Rationing in Markets with Imperfect Information. Americn Economic Review, 1981(3).

[19] Larrymore N. L, Morgan I. W. Jr. The Effect of Volatility on Commercial Lending Pricing. Commercial Leading Review, 2006(2).

[20] Liu Xiang. A Multiple Criteria Decision-making Method for Enterprise Supply Chain Finance Cooperative Systems. IEEE Computer Society, 2009.

[21] M. Sugirin. Financial Supply Chain Management. Journal of Corporate Treasure Management, 2009(2).

[22] Martin R. Fellenz. Requirements for an Evolving Model of Supply Chain Finance: A Technology and Service Providers Perspective. Communication of the IBIMA, 2009(10).

[23] Massimo O. Trade Credit as Collateral. Working Paper, Bank of Italy, 2005(8).

[24] Mian, S. L & C. W. Smith. Accounts Receivable Management Policy: Theory and Evidence. The Journal of Finance, 1992(1).

[25] Min Hu, Qifan Hu. Supply Chain Finance and Analysis of its Financing Models. Proceedings of the Eighth International Conference of Chinese Logistics and Transportation Professionals ICCL TP, 2008.

[26] Nail L. Currents Trend in Commercial Lending. Commercial leading Review, 2003(2).

[27] Poe T. R. Subjective Judgments and the Asset-based Lender. Commercial Lending Review, 1998(2).

[28] Rajan R, Winton A. Covenants and Collateral as Incentives to Monitor. The Journal of Finance, 1995(4).

[29] Shearer A. T, Diamond S. K. Shortcomings of Risk Rating Impede Success in Commercial Lending. Commercial Leading Review, 1991(1).

[30] Smith J. K & C. Schnucker. An Empirical Examination of Organizational Structure: The Economics of the Factoring Decision. The Journal of Corporate Finance, 1994(1).

[31] Sopranzetti B. J. The Economics of Factoring Accounts Receivable. Journal of Economics and Business, 1998(10).

[32] Soufani. On the Determinants of Factoring as a Financing Choice: Evidence from the UK. Journal of Economics and Business, 2002(6).

[33] Viktoriya Sadlovska, Beth Enslow. New Strategies for Financial Supply Chain OptimizationRethinking Financial Practices with Your Suppliers to Maximize Bot-tom Line PerformanceBenchmark Report, www.aberdeen.com, 2006-12-1.

[34] Warren H. Financial Flows & Supply Chain Efficiency, www.Corporate.Visa.com, 2004.

[35] Wright J. F. Accounting: Inventory-based Lending. Commercial Lending Review, 1988(3).

[36] 陈祥峰、石代伦、朱道立:《融通仓与物流金融服务创新》,《科技导报》, 2005 年第 9 期。

[37] 陈宝峰、冯耕中、李毅学:《存货质押融资业务的价值风险度量》,《系统工程》, 2007 年第 10 期。

[38] 储雪俭、詹定国:《物流金融——长三角地区经济发展的新增长点》,《物流技术》, 2005 年第 3 期。

[39] 房友军:《应收账款质押融资的风险控制:莱芜案例》,《金融发展研究》, 2010 年第 11 期。

[40] 冯耕中:《物流金融业务创新分析》,《预测》, 2007 年第 1 期。

[41] 冯莹:《保理业务风险分析及其防范对策》,《上海金融》, 2006 年第 10 期。

[42] 郭晴:《供应链金融模式分类及风险管理研究》, 天津大学硕士学位论文, 2011 年。

[43] 胡小平、何健敏、吕宏生:《最优变现策略与最优变现时间》,《控制理论与应用》, 2007 年第 2 期。

[44] 姜燕宁、郝书池, 滕丽等:《发展供应链金融的动力机制和对策研究》,《商业时代》, 2001 年第 6 期。

[45] 雷凌:《应收账款质押之对象分析》,《广西社会科学》, 2008 年第 9 期。

[46] 李秀转:《国际保理中应收账款转让的法律研究》, 首都经贸大学硕士学位论文, 2006 年。

[47] 李毅学、吴丽华：《物流金融创新下的订单融资业务风险分析与管理》，《当代财经》，2008 年第 11 期。

[48] 李毅学：《物流金融创新——订单融资业务模式的贷前评估》，《统计与计策》，2008 年第 24 期。

[49] 李毅学：《基于物流金融的存货质押融资业务质押率研究》，《西安交通大学学报》，2007 年第 11 期。

[50] 梁虹龙、欧俊松：《物流金融》，《物流技术》，2004 年第 9 期。

[51] 刘士宁：《供应链金融的发展现状与风险防范》，《中国物流与采购》，2007 年第 7 期。

[52] 刘亚亚、曾佑新：《物流企业实施订单融资业务研究》，《当代商业》，2009 年第 10 期。

[53] 刘颖：《供应链金融研究》，电子科技大学硕士学位论文，2009 年。

[54] 罗齐、朱道立、陈伯铭：《第三方物流服务创新：融通仓及其运作模式初探》，《中国流通经济》，2002 年第 2 期。

[55] 罗巧玲：《基于 VaR 方法的标准仓单质押率研究》，中南大学硕士学位论文，2009 年。

[56] 潘晓惠、陆岷峰：《中小企业供应链融资风险和对策分析》，《吉林省经济管理干部学院学报》，2011 年第 1 期。

[57] 苗维胜：《产业资本主导下的供应链金融实施研究——以 UPS 发展供应链金融为例》，《中国外资》，2011 年第 7 期。

[58] 李敦亮：《合作企业担保模式下供应链融资的内在逻辑：淄博案例》，《金融经济》，2012 年第 6 期。

[59] 彭娟：《我国商业银行供应链金融研究》，首都经济贸易大学硕士学位论文，2011 年。

[60] 史运昌：《供应链融资对信息不对称的消解研究》，湖南大学硕士学位论文，2009 年。

[61] 孙文聪：《面向供应链金融的主导型供应链收益共享模型设计》，天津大学硕士学位论文，2010 年。

[62] 孙铭悦：《我国普通仓单质押贷款业务的流程与风险分析》，北京物资学院硕士学位论文，2012 年。

[63] 唐少麟、乔婷婷：《发展物流金融强化供应链整合》，《物流技术》，2006 年第 3 期。

[64] 唐少艺：《物流金融实务研究》，《中国物流与采购》，2005 年第 2 期。

[65] 王光石、马宁、李学伟：《供应链金融服务模式的探究》，《可持续发展的中国交通——2005 全国博士生学术论坛（交通运输工程学科）论文集》（上册），2005 年。

[66] 王文辉：《库存商品融资业务最优信贷合约设计》，西安交通大学硕士学位论文，2005 年。

[67] 王永忠：《仓单质押贷款的问题分析及关键指标的 VAR 设计》，西北工业大学 MBA 论文，2004 年。

[68] 王治、王宗军：《通融仓与物质银行》，《中国物流与采购》，2005 年第 8 期。

[69] 王玉洁：《供应链金融中保兑仓融资与运作决策》，北京交通大学硕士学位论文，2009 年。

[70] 谢鹏：《物流金融运作模式探究》，《福建金融》，2007 年第 2 期。

[71] 邢丽丽：《基于供应链金融的应收账款质押融资模式分析》，北京交通大学经济管理学院硕士学位论文，2011 年。

[72] 辛兵海、方俊芝：《深圳发展银行供应链金融业务对邮政储蓄银行的启示》，《邮政研究》，2013 年第 1 期。

[73] 闫俊宏、许祥：《基于供应链金融的中小企业融资模式分析》，《上海金融》，2007 年第 2 期。

[74] 杨晏忠：《论商业银行供应链金融的风险防范》，《金融论坛》，2007 年第 10 期。

[75] 杨宝安、季海：《我国商业银行建立风险预警体系的构想》，《现代金融》，2001 年第 4 期。

[76] 杨绍辉：《从商业银行的业务模式看供应链融资服务》，《物流技术》，2005 年第 10 期。

[77] 张媛媛：《库存商品融资业务的贷款价值比的研究》，中国科学院博士学位论文，2006 年。

[78] 周明峰：《中美动产担保法律制度比较研究》，《商业时代》，2006 年第 16 期。

[79] 郑绍庆：《现代物流与现代金融相融合破解中小企业融资难》，《浙江金融》，2006 年第 8 期。

[80] 朱光海、冯宗宪：《保理在中小企业融资方式创新中的应用》，《企业经济》，2006 年第 4 期。

[81] 朱文贵、朱道立、徐最：《延迟支付方式下的存货质押融资服务定价

模型》,《系统工程理论与实践》,2007年第12期。
[82] 邹小芃、唐元琦:《物流金融浅析》,《浙江金融》,2004年第5期。
[83] 张忠辉:《基于仓单质押的物流金融风险管理与控制研究》,中南大学硕士学位论文,2011年。
[84] 张丽:《基于中小企业融资的供应链金融研究》,山东大学硕士学位论文,2011年。
[85] 曾小燕:《我国供应链金融发展研究》,《当代经济》,2012年第1期。
[86] 仲成春、陈立芸、张莎莎等:《以物流撬棍扩张中小企业融资瓶颈》,《天津经济》,2010年第2期。
[87] 赵建、霍佳震:《不依赖于核心企业的订单融资模式研究》,《昆明理工大学学报》(社会科学版),2009年第12期。